Los textos de esta guía se deben a Francisco Izquierdo Martínez, periodista, natural de Granada y amante apasionado de su tierra, sobre la que ha escrito una treintena de libros (*El apócrifo de la Alpujarra Alta*, *Grabadores granadinos del siglo XVI al XIX*, *Xilografía granadina del siglo XVII*, *Guía de las guías de Granada*, *Guía secreta de Granada*, etcétera).

También es pintor, habiendo realizado más de una veintena de exposiciones individuales y numerosas colectivas. Figura en el museo Nacional de Arte Contemporáneo de Madrid y en algunos locales, como el de Granada.

Es miembro numerario de la Real Academia de Bellas Artes de Granada y del Centro de Estudios Históricos de Granada y su Reino.

Además colaboraron en este libro Ángel Álvarez Caballero con el capítulo sobre el flamenco en Granada y José Carlos Capel y Fernando Gallardo, con sus apartados respectivos de restaurantes y hoteles de la guía práctica.

Alicia Romero y Pepe Freire confeccionaron la maqueta, que se hizo según el diseño de Pablo Hidalgo, quien, asimismo, proyectó la cubierta. Planos y mapas fueron dibujados por el Estudio Gráfico de Julián Benito. La Fotomecánica fue realizada en Eurocolor, S.A.

Carmen de Francisco se encargó de la coordinación fotográfica y José Talavera de la edición general.

El proyecto se debe al departamento de guías turísticas de EL PAIS/AGUILAR, que dirige María Ángeles Sánchez.

Juan Bravo, 38. 28006 Madrid.
Teléfono 578 31 59. Telefax 578 32 20

I.S.B.N. 84-03-59064-4
Depósito legal: M-14785-1991
Printed in Spain/Impreso en España
por Unigraf, S.A., Móstoles (Madrid).

Ilustración de Cubierta:
El Partal y sus jardines.

GUÍA DE

GRANADA

Francisco Izquierdo Martínez

EL PAIS AGUILAR

PRESENTACIÓN

A Granada se la define como ciudad exótica, en el sentido explícito de infrecuente. Acaso por sus ocho siglos de impronta musulmana y los numerosos ejemplos arábigo-nazaríes que aún la enriquecen y la distinguen del resto de las capitales españolas. Acaso por su situación geográfica que, según Ibn Batutah, «no tiene semejante en todo el Universo», pues una hora de camino separa las nieves perpetuas del ambiente tropical, o lo que es equivalente, se practican deportes de invierno en Sierra Nevada y, en un tris, se realizan deportes de verano en la Costa.

Y le dicen la Bella, un libro de Ángel Ganivet se titula precisamente *Granada la Bella*, y merece el piropo. Ya que es una ciudad alta, despejada, luminosa, florida: «la más hermosa», escribe Andrea Navagiero; «la más atractiva», insiste Victor Hugo. Y lo es por su cielo, suelo y entresuelo, en este caso los edificios, los jardines, las aguas y las fuentes, las plantas, los tesoros artísticos, la memoria histórica, el lustre legendario, las costumbres y, sobre todo, sus gentes.

Pero también se la conoce como la ciudad en la que «todo es posible». Y es posible la temperatura más baja de España y el atardecer más prodigioso del mundo; el encuentro con un camello sin amo por las calles del Albayzín y la procesión cívico-religiosa a la vuelta de la esquina; el acto cultural de envergadura y la cohetería rústica de un barrio en fiestas; la vida más gratificante y la convivencia más ingrata. Y es que Granada, cuando ofrece una vela a Dios, ofrece otra vela al diablo.

En ese ámbito del trasmano singular se desenvuelve la Granada activa, la población bulliciosa de cada día, eje administrativo de Andalucía Oriental, manantial poderoso de la enseñanza, centro comercial de la región y fiel contraste de aventuras imaginativas. Es la Granada de la prisa burocrática, de la animación universitaria, del afán consumidor y de las invenciones literarias y artísticas, o séase, del personal atareado y del personal contemplativo, más la comparsa necesaria para atiborrar el escenario. Las oficinas públicas, los *campus* escolares, las tiendas, las tabernas, las plazas y las calles son un hormiguero peripatético cualquier día de cualquier estación anual; tanto, que se asegura que hay en Granada dos paseantes de intemperie por cada vecino censado.

Ésa es la ciudad que hallará el visitante, animada, dispuesta y acogedora, aunque la mayoría de sus hijos no hayan estado jamás en la Alhambra.

Vista parcial de Granada con Sierra Nevada al fondo.

MANEJO DE LA GUÍA

Esta guía que tiene usted en sus manos es, sin duda, el instrumento necesario para visitar y conocer Granada y su provincia.

En ella encontrará informaciones de todo tipo para satisfacer las demandas de su viaje: **Introducción geográfica e histórica; Itinerarios por Granada** (monumentos, museos, parques... y la vida de la ciudad); **Rutas por la provincia,** que le conducirán por sus distintas comarcas, desde la costa Tropical a Sierra Nevada pasando por las Alpujarras, las vegas de Guadix y Baza, además de otros muchos pueblos y parajes naturales de interés. En el capítulo **Vivir en Granada,** podrá acercarse a los rasgos humanos más importantes como la gastronomía, artesanía, folclore y fiestas. Por último, dispone de una útil y actualizada **Guía Práctica** con los datos imprescindibles para cada situación: transportes, alojamientos, compras, actividades deportivas y culturales, etcétera.

El texto, profusamente ilustrado, se acompaña en algunos casos de planos y alzados de los recorridos y edificios más significativos.

A continuación encontrará un modelo explicativo de plano y página, además de la simbología de la información complementaria.

PLANO DEL ITINERARIO

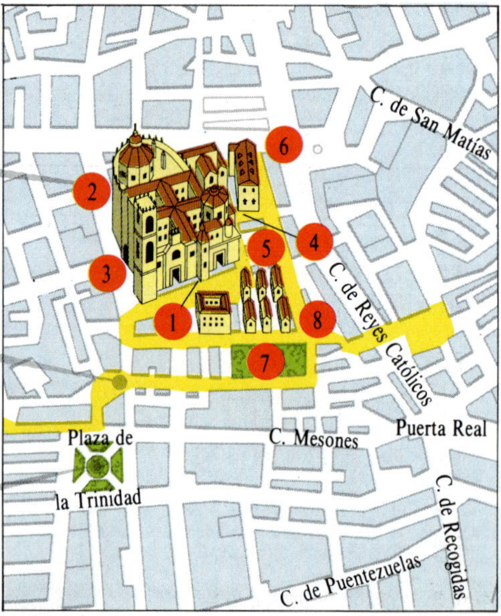

Situación de monumentos o lugares (círculo rojo).

Itinerario (en amarillo).

Zonas verdes.

MODELO EXPLICATIVO DE PÁGINA

Palacio de Carlos V

ALZADO DEL PALACIO DE CARLOS V.

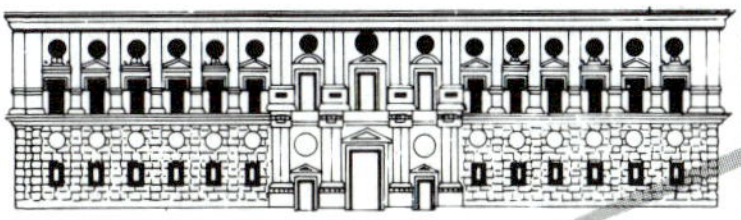

Palacio de Carlos V

Recinto de la Alhambra.
22 75 27.
2.
Horario de visita, de 9.30 a 17.30.
ɛɛ

Antes de abandonar los palacios nazaritas, debemos visitar el edificio de Pedro Machuca, que tantas críticas ha soportado. Del **palacio de Carlos V** (el I) han dicho granadinos cualificados: «Bien pueden aprender los Estrangeros primores del Arte», Medina Conde (1764); «Elegantísima obra digna del espléndido nieto de la grande Isabel», Lafuente Alcántara (1843); «Suntuosa fábrica y gloria artística», Giménez Serrano (1846); «Maravilla de arte», Valladar siguiendo a Pérez Bayer (1890); «De lo más hermoso y perfecto en su género que tenemos en España», Gómez-Moreno (1892); Seco de Lucena (1907) le sopla elogios, pero también añade la siguiente frase: «Por su maciza construcción contrasta brutalmente con las delicadezas y primores que los árabes edificaron y produce un invencible sentimiento de

Patio del palacio de Carlos V.

54

Capítulo o itinerario.

Identificación del monumento o lugar.

Información complementaria (véase simbología).

Información principal del monumento o lugar.

Pie explicativo de la ilustración.

Ilustración alusiva.

SIMBOLOGÍA DE LA INFORMACIÓN COMPLEMENTARIA

- Localización del monumento o lugar.
- Número de teléfono.
- Autobuses más próximos.
- Horario de visita.
- Información de interés.
- ɛ Visita recomendada.
- ɛɛ Visita muy recomendada.
- ɛɛɛ Visita imprescindible.

Grabado de los hermanos Rovargue (1850) representando el Patio de los Leones.

I. INTRODUCCIÓN GEOGRÁFICA E HISTÓRICA

Granada es una provincia andaluza cuya capital se llama Granada. Su ámbito territorial, última frontera y recuerdo escorados al medio oriente, abarca unos 12.500 km^2 con facha de redoma árabe (lo que es propio), invención geográfico-administrativa de don Javier de Burgos (1833), granadino subtropical y reformador de lindes regionales, y en nuestro caso lo demostró dividiendo el Reino de Granada en tres provincias: Málaga, Almería y la homónima. De ahí que la latitud provincial, en un alarde cartográfico promovido por intereses particulares, mida 260 km, la distancia que separa a Madrid de León, lo que da lugar a múltiples y variadas geografías. Por ello, la provincia de Granada dispone de zonas cálidas, hábitat de los frutos exóticos, y zonas cuasi glaciales, páramos de las plantas hiperbóreas; o séase, va desde la tierra de promisión, con los ubérrimos de la Costa del Sol, hasta la mala tierra (bad-land), con el sinaí del esparto en el horizonte de la Xagra. Además, la provincia de Granada es un *tótum revolútum* de la orogenia, de la hidrografía, del clima, de la botánica, etcétera, y por supuesto de la etnia, con sus peculiaridades folclóricas, gastronómicas, religiosas y así. Con lo que el desierto verdaderamente estéril compadrea la mayor feracidad; el llano desesperante se sube de pronto a la montaña; el río hidrófugo se despista en las ramblas y brota mineromedicinal en las alturas; las hierbas de la tundra, abrigadas por la nieve, ceden el paso al cardo borriquero y éste, sin mediar respeto, a la caña de azúcar; las migas montaraces echan un pulso a la pipirrana; la almendra o el plátano se codean con la azufaifa y el caqui; la jota y el fandango bailan junto al zorongo y la albolá; el culto a la Santa Cruz es primo hermano del ritual de la diosa Maya, y las fiestas de moros y cristianos, si se gira el mapa, son guerrillas civiles entre moros blancos y moros negros o entre castellanos viejos y cristianos de dos bautizos. Para descubrir sin esfuerzo tal mezcla de sangres, de culturas y la real *idiocongrasia* del personal granadino basta escuchar atentamente los tics de la **S:** las ocultaciones, el travestismo sonoro, el jejeo agrícola, las **zopas** africanas, los desvíos sectarios y tantísimas improntas que nos remitirían a los guetos almohades, judíos, castellanos de primera mano, mercenarios góticos, gitanos morosos y muchas otras invasiones de trotaleguas, arrimadores, cazatesoros y mercaderes del agua bendita.

La provincia de Granada linda con Albacete y Murcia y está lejísimos de ambas; es medianera de Almería y el tabique se llama Sierra Nevada; soporta a Jaén y los lomos son difíciles de transitar; da esquinazo a Córdoba desde el Genil y envidia a Málaga porque se apropió parte de su Mediterráneo. La provincia de Granada presume también de las mayores alturas de la España peninsular.

Bueno, en el ángulo de tal envase geográfico-administrativo, presidiendo las distancias, tanto históricas, geográficas, culturales y sociales como los olvidos de dichas índoles, se encuentra Granada capital. Es decir, se halla en la cruz de los 37° 9' de latitud N. y los 0° 5' de longitud E.; a medio nivel, de 680 a 850 metros de altitud; en el fielato del calor-frío, aunque la diferencia entre el día y la noche supone, cuando menos, quince grados de temperatura; 300.000 habitantes y un término urbano propio para viandantes que niega la utilidad del automóvil.

Granada capital, sin duda, es una hermosa ciudad. Goza de maravillosos alrededores; posee dos ríos, uno de ellos de andar por casa; la Vega, fecundísimo huerto, ensancha todos los patios; tiene la nieve próxima y la mar cerca; conserva monumentos realmente importantes; mantiene gran parte de su estructura morisca y de sus alineaciones renacentistas; es clara y luminosa en invierno y verano; cuenta con poderoso atractivo cultural y magníficos señuelos deportivos. Granada es sede del Tribunal Supremo de Justicia de Andalucía, de una de las más antiguas y prestigiosas Universidades y de la Iglesia Metropolitana de Andalucía Oriental. Además, se le entrecruzan carreteras nacionales: la 323 Madrid-Motril, la 432 Córdoba-Badajoz, la 321 Málaga, la 342 Cádiz-Sevilla y Guadix-Murcia y la 324 Almería. A 15 kilómetros, el aeropuerto, con vuelos a Madrid, Barcelona, Valencia, Palma de Mallorca, Tenerife y Melilla. A cuarenta duros la estación de ferrocarriles, con trenes a Madrid, Barcelona, Sevilla, Córdoba, Málaga, Almería, Murcia y Valencia. Desde el mismo lugar o desde la estación de autobuses se puede viajar a cualquier parte y a cualquier hora. Disfruta de puerto de mar, a 66 kilómetros, en Motril, para los nautas. Y para visitantes y turistas en general dispone de más de 8.000 plazas hoteleras, sin contar las casi 10.000 en el resto de la provincia. Y para reuniones trascendentes brinda el Palacio de Congresos y el Auditorio Municipal Manuel de Falla.

Claro, de todo ello es culpable la historia. El profesor Bosque Maurel indica que el poblamiento granadino es muy remoto. Ya en el Paleolítico medio aparecen inquilinos en las cuevas cercanas (Monachil, Dílar, Cogollos, Iznalloz, etcétera) y 5.500 años a. C., en el Neolítico, existe constancia del asentamiento de pobladores en el lugar que hoy ocupa el Albayzín, la arcaica Ilbyr. Dos mil quinientos años después, en pleno Bronce I, se construyen las primeras viviendas estables y los indígenas, entroncados con sus vecinos del Argar, comercian con fenicios y griegos, trato que se hace histórico con la llegada de los iberos, hacia el siglo VII a. C. y comienza a funcionar la toponimia Elibyrge, según testimonio geográfico de Hecateo de Mileto, nombre del lugar que Plinio, seis siglos después, nos transmite como Iliberri, diáfana etimología ibérica y no céltica como se asegura. En esta época Granada acuña moneda con las grafías Ilíber e Illíberri que, a veces, se aparean con Florencia, ya que los latinos, desde el siglo I al V d. C., acentúan ambas denominaciones en numerosas epigrafías con la fórmula *Municipium Florentinum Iliberritanum.* Fernández Guerra, estudioso de la epigrafía romano-granadina (1861), dice que las lápidas que registran el topónimo Iliberri, en su mayoría, aparecieron en el Albayzín, excepto dos que se encontraron en la Alhambra.

Con la romanización y, sobre todo, el nuevo planteamiento administrativo del emperador Augusto, Granada se convierte en municipio romano y se le dota de foro, dependiente del convento Astigytano o magistratura de Écija, desligándose de Acci (Guadix). A partir de entonces, Granada adquiere notable categoría consistorial, siendo una de las tres importantes ciudades de la región, con Carmona y Jaén. «Los abundantes hallazgos romanos parecen evidenciar la enorme entidad y riqueza de la población», ya que la basílica y el foro estuvieron enlosados con mármol, sostenidos por fuertes columnas y adornados con estatuas, relieves e inscripciones dedicadas a los emperadores y personajes iliberitanos. El profesor Bosque Maurel añade: «Convertida de derecho Iliberri en ciudad durante el último tercio del siglo I a. C., durante la etapa imperial llegó a serlo de hecho. Si bien nunca pasó de ser municipio dependiente de Astigi, el cristianismo, entre el 62 y el 64 de nuestra era, al convertirla en centro episcopal, le dio mayor auge, a la vez que la hacía volverse hacia el Mediterráneo, por donde llegó el Evangelio. San Cecilio, obispo de Granada (de Ilíberis, Elvira), dependía religiosamente de Acci (Guadix), pero esta dependencia, muy clara al principio, ya no lo es durante los siglos III y IV en que su elección como sede del primer Concilio español conocido indica, si no un predominio, sí un crecimiento frente a la antes tan superior Acci».

Granada, grabado de Vallejo (1850).

Con la invasión bárbara, Granada-Municipio Iliberitano apenas sí cambia, debido, en parte, a su marginación de las grandes calzadas reales y, en parte, a sus poderosas defensas naturales y artificiales. Inmediatamente después el desarrollo es extraordinario, tanto que sólo Sevilla y Córdoba le aventajan en esplendor, y ello por mor de los visigodos. En tiempos de Recaredo, Gundemaro, Sisebuto, Suintila, Chintila y Egica, Granada figura en las monedas con los títulos *Liberi Pius, Pius Eliberri* y *Pius Elíber.* Y sus obispos asisten a los concilios de Toledo y Sevilla. «Los importantes restos arquitectónicos de esta época que se conservan» –escribe el profesor Bosque Maurel–«revelan el intenso florecimiento y el renacer de una ciudad que, si bien estructuralmente no debía diferir mucho de la romana, va adquiriendo un aspecto oriental y guerrero. La cantería es sustituida por la argamasa, el arco de medio punto por el arco de herradura, sus iglesias se cubren con bóvedas y proscriben, de acuerdo con el Concilio de Elvira, las imágenes, y el antiguo Foro romano se convierte en castillo. Desde entonces, aunque sigue siendo un importante mercado comercial, Iliberri será, y por mucho tiempo, un formidable centro militar».

Cuando Tariq conquista Ilíberis encuentra otra ciudad muy próxima, Garnatha Alyehud, la Granada de los judíos asentada al pie de Torres Bermejas, donde el actual barrio de San Matías. Naturalmente, Garnatha Alyehud era un barrio extramuros separado por el río Darro de Ilíberis. Pero por su proximidad a Granada, que era el centro principal de la *cora* de Ilbira o Elvira en los primeros momentos de la dominación árabe, se instaló en *la villa de los judíos* una guarnición judeo-musulmana poderosísima que dio lugar a la confusión de ambos núcleos defensivos y, de inmediato, al predominio de Garnatha, o Granada, que impuso su nombre. Al Saqundí refiere que los sirios promocionaron el topónimo al cundir el lema «**Granada** es la Damasco de Al Ándalus».

Cuando irrumpen los berberiscos (1010), Zawi ibn Zirí erige a Granada como metrópoli de la Andalucía Oriental y la ciudad crece y se ensancha hasta alcanzar un nivel de población que sólo será sobrepasado en el siglo XIV. Fue sede real y administrativa de los ziríes, cuyo palacio del *Gallo del Viento*, por su grandeza y maravillas «no tenía semejanza en tierra de musulmanes e infieles», tanto, que sobresaltó a Yusuf ibn Texufin (1090) el Almorávide, por los tesoros inconcebibles que reunía, sobre todo en joyas y utensilios de oro, piedras preciosas, tejidos propios y extranjeros, vasijas de vidrio, etcétera. Los ziríes realizaron notables mejoras en la capital, levantaron defensas poderosas, construyeron acequias y aljibes, prodigaron los baños, rehicieron el trazado urbano y mejoraron los puentes.

Desde 1090 a 1149, los almorávides se adueñan de Granada y Alí ibn Yusuf, hijo de Texufin, la torna capital de Al Ándalus, pero se les va la mano y la intención y casi acaban con la Damasco andaluza, manía que también demostraron los almohades, quienes, nada más hacerse con ella, y les costó siete años de pelea, asolaron fanáticamente cuanto hallaron al paso, hasta que el cadí Ibn Ibrahim (1218) se dedicó a recuperar los antiguos sistemas de riego, la red de acequias, los puentes, la reforma y consolidación de las defensas e inició la obra de numerosas mezquitas, palacios y cármenes.

En 1238, Muhammad ben Yusuf ben Nasar, Alahmar de Arjona, crea el Reino de Granada, que se extendería desde Murcia a Gibraltar comprendiendo parte de las provincias de Jaén, Córdoba, Sevilla y Cádiz y el total de las de Almería, Granada y Málaga. Bajo un pacto con Fernando III, al que ayudó en la conquista de Sevilla, Alahmar consolida el reino nazarí en 1246 y la dinastía de los alahmares se prolonga con veinte reyes, el último de los cuales, Boabdil, habría de entregar Granada a los monarcas cristianos en 1492, luego de 254 años de una nueva cultura islámica, la arábigo-granadina, con expresiones arquitectónicas tan particulares como la Alhambra y con gestos artísticos y artesanales ciertamente singulares. El Reino de Granada, presionado por los cristianos, siempre ávidos de tierras y dinero, y carcomido por innumerables guerras civiles, fue debilitándose en su radio geográfico y en sus recursos económicos hasta caer en manos de los Reyes Católicos por agotamiento político y por desánimo humano, lo que sucedió el 2 de enero de 1492. Ahí acababa

Corral del Carbón, grabado de Roberts (1835).

Puerta de Bibarrambla, grabado de Roberts (1835).

el más floreciente centro de la España árabe y la cultura de un pueblo que, durante ocho siglos, impregnó de tolerancia y sabiduría el solar ibérico.

Las capitulaciones para la entrega de Granada, selladas por cristianos y granadinos, respetaban la lengua árabe, la religión y las costumbres de los vencidos, pero pronto se vino abajo la buena intención de los conquistadores, si es que la hubo, y comenzaron los conflictos, especialmente cuando el cardenal Cisneros decide que los granadinos sean bautizados (1499). Política intransigente que, a la muerte de los Reyes Católicos, llevaron a efecto doña Juana, prohibiendo el uso de los trajes y la práctica de las costumbres, y Carlos I, exigiendo verdaderas dineradas en mal recuerdo de las capitulaciones, actitud que superó Felipe II hasta provocar la sublevación de los moriscos, hecho que sucedió en diciembre de 1568 y se dilató hasta finales de 1572. El cabecilla del levantamiento, Aben Humeya, por nombre cristiano Fernando de Córdoba y Válor, refugiado en las Alpujarras, hubo de vérselas con el más potente de los ejércitos conocidos mandado por don Juan de Austria que, al fin, sofocaría la rebelión.

A partir de entonces Granada permanece en un estado de letargo del que despabilaría, de vez en vez, al compás de los sucesos importantes de la historia general española. Y no siempre con toda lucidez, como ocurre con la invasión francesa. La presencia de las tropas napoleónicas (enero de 1810 a septiembre de 1812) no altera el «pasotismo» patriótico de los granadinos a pesar de los atropellos, robos y desprecio de los vecinos galos. Granada tiene, sin embargo, algunos respingos contestatarios contra el absolutismo, por ejemplo, lo que originó consecuencias dramáticas al producirse la reacción y de ello es paradigma la joven Mariana de Pineda, ejecutada en 1831. Se suma al levantamiento contra el poder central, iniciado en Málaga (1835); combate a los carlistas (1838); se enfrenta al gobierno de Espartero (1843) y se adhiere al mismo Espartero en la revolución de 1854; se proclama contra Isabel II (1868) y se convierte en Cantón granadino, durante la República (1873), disuelto por el general Pavía a la semana de su constitución. Durante la guerra civil suceden hechos lamentabilísimos, como el de la muerte de Federico García Lorca.

Cronología

1500 a. C.	Los fenicios se instalan en la costa granadina y montan las colonias de Exi (Almuñécar) y Selambina (Salobreña). Los griegos, seguidamente, fundan dos ciudades, Ulisea y Exoche (Menace), que citan Estrabón y Avieno.
225 a. C.	Los «granadinos» se suman a la causa de los cartagineses con ejércitos capitaneados por Phorcys y Araurico, naturales del país.
215 a. C.	Los romanos invaden, por Almería y Baza, las tierras granadinas.
197 a. C.	Colca subleva las Alpujarras contra los romanos.
27 a. C.	Granada convertida en Municipio Florentino Iliberitano.
58	Es martirizado Cecilio, primer obispo de Granada.
313	Se celebra el concilio Iliberitano, primero de la Iglesia en España, al que asistieron 49 obispos.
714	Tariq conquista Granada y Abdelaziz, hijo de Muza, somete la región.
744	Los sirios se aposentan en Granada y la llaman *la Damasco* de Al Ándalus.
755	Abderramán desembarca en Almuñécar.
889	Sawar ben Hamdum subleva las Alpujarras y Granada.
1013	Zawi Zirí, primer rey de Granada.
1090	El almorávide Ben Balkin se apodera de Granada, hace prisioneros a Ben Habus, último rey zirí, y a su familia y los envía a Marruecos.
1149	Los almohades entran en Granada y nuevamente se levantan los alpujarreños.
1238	Fundación del Reino de Granada por Alhamar de Arjona, cabeza de la dinastía nazarí.
1275	Llegada de los benimerines a petición de Mohammad II.
1306	Se construye la mezquita, en el suntuoso conjunto de edificios que habría de denominarse Alhambra.
1333	Sube al trono Yusuf y continúa la ampliación de la Alhambra.
1364	Asesinato de Yusuf.
1431	Batalla de La Higueruela, en la que Juan, rey de Castilla, vence a los moros granadinos.
1483	Boabdil es hecho prisionero después del desastre de Lucena.
1485	Muere Muley Hacen y es enterrado, según la tradición, en el pico más alto de Sierra Nevada, por su nombre, el Mulhacén.
1487	Boabdil es proclamado rey de Granada.
1490	Hernando del Pulgar entra en Granada durante la noche y clava un pergamino en la puerta de la gran mezquita con el símbolo *Ave María*.
1491	Los Reyes Católicos se instalan en la Vega y ponen cerco a la capital nazarí. En noviembre firman con

	Boabdil las capitulaciones para la entrega de la ciudad.
1492	Entrada de los Reyes Católicos en Granada.
1500	Primera rebelión de los moriscos, que apacigua Fernando el Católico.
1525	Son enterrados los Reyes Católicos en la capilla Real.
1526	Carlos I y su esposa Isabel se aposentan en la Alhambra y piensan en la posibilidad de instalar en Granada la capital del Imperio.
1542	Se erige la Universidad.
1554	Muere Juan de Dios, que sería beatificado en 1630 y canonizado en 1699.
1568	Rebelión de los moriscos granadinos, que duraría tres años.
1571	Real Cédula para la confiscación de todos los bienes de los moriscos.
1595	Se inician los hallazgos de reliquias y *libros plúmbeos* en el Sacromonte, en los que se cuenta el martirio de varios santos inmolados en el lugar, en tiempos de Nerón. Años después, el papa Inocencio XI condena los libros como falsos, aunque acepta como auténticas las reliquias.
1610	Se pregona el bando de la expulsión de los moriscos.
1611	Orden definitiva de Felipe III para que saliesen de inmediato todos los moriscos que seguían en Granada. Fueron unos 12.000.
1626	Nace en Granada don Álvaro de Bazán, el que sería egregio marino.
1705	Se descubre una conspiración contra Felipe V.
1717	Aparición en el Pico del Veleta de la Virgen de las Nieves.
1754	Empieza su destierro en Granada el marqués de la Ensenada.
1767	Salen los jesuitas de la ciudad.
1810	Los franceses entran pacíficamente en Granada y José Bonaparte inaugura el teatro Napoleón.
1812	Los franceses abandonan Granada.
1820	Abolición del Tribunal de la Inquisición.
1823	Vuelven a invadir la ciudad las tropas francesas.
1831	Es ejecutada doña Mariana de Pineda.
1833	Por Real Decreto, el Reino de Granada se convierte en tres provincias: Málaga, Almería y Granada.
1873	La provincia de Granada se declara independiente y se constituye en Cantón.
1936	Granada se adhiere al levantamiento militar. Es asesinado Federico García Lorca.
1984	La Alhambra y el Generalife son declarados por la Unesco Patrimonio de la Humanidad.

Boabdil el Chico.

Fray Luis de Granada.

Martínez de la Rosa.

Granada y sus personajes ilustres

Los jardines y las plazas de las ciudades son, por lo general, una breve guía iconográfica de sus hijos ilustres o de personajes que tuvieron relación decisiva en la historia local. En Granada no ocurre así. Quizá por falta de espacios urbanos con suficiente empaque, quizá por repugnancia a los homenajes escultóricos. Lo cierto es que los monumentos en memoria de sus protagonistas histórico-culturales se cuentan con la docena. En algunos casos, como el erigido en honra de doña Mariana de Pineda, son pobres, torpes e, incluso, ridículos. Y no será por carencia de nombres insignes, que los hay en cantidad y calidad.

El primero, sobre todos, Mohammad Abu Abdala ben Jusef ben Nasar (1195-1273), conocido por **Alhamar,** o el Rojo, fundador del Reino de Granada, que prolongaría la presencia musulmana en España durante dos siglos y medio. Alhamar inició esa maravilla de la arquitectura arábigo-granadina que es la Alhambra, creó hospitales para ciegos, trajo el agua por acequias y cañerías a la ciudad, construyó aljibes públicos; concedió privilegios al cultivo y fabricación de la seda, consiguiendo que los tejidos granadinos sobrepujasen a los de Siria; fomentó la cría y selección caballar, debiéndose al primer Rey de Granada la hoy tan famosa sangre árabe de los caballos españoles; animó la explotación minera, etcétera, todo lo cual rematό su descendiente Mohammad Abu Abdala el Zaquir, conocido por **Boabdil** y rey Chico, al que tantísimas calumnias e injusticias se le han deparado a partir de 1492, fecha de la entrega de Granada a los Reyes Católicos. Acaso el único reconocimiento monumental tributado a un representante de la dinastía naserí sea el de **Muley Abul Hacen,** penúltimo Rey granadino (abdicó en 1484), con cuyo nombre presume la cima más alta de la orografía peninsular, el **Mulhacén,** en Sierra Nevada. Para no ser mezquinos y sin salir de los muros de Granada, tenemos que recordar el autohomenaje fabuloso del poeta **Ibn Zemrec** (murió asesinado en 1387), cuyos poemas decoran casi toda la Alhambra, bien tallados en la piedra de las fuentes, bien modelados en la escayola de los frisos. Es, posiblemente, la más fantástica edición poética que se conozca.

Aunque con retraso, Granada aporta una respetable nómina de santos, tales san **Gregorio el Bético,** martillo de arrianos, asistió a los concilios de Nicea y de Rímini, escribió numerosas obras, entre ellas el *Libro de la Fe,* y mantuvo con fuerza esclarecedora, hasta el fin de su larga vida (murió hacia el 395), «la pura y sana doctrina de la Santa Católica Romana Iglesia». Fue patrono de Granada hasta 1601, en que lo sustituyó san Cecilio. Y **san Cecilio,** pionero de la fe cristiana en España, mártir, reinventado como patrón por los moriscos con aquel embrollo de los libros plúmbeos del Sacromonte. Pero un santo de carne y hueso, un paisano de la caridad al que los granadinos deben todo el amor del mundo, fue el portugués Juan Ciudad y Duarte, **san Juan de Dios,** soldado, loco y padre de los desventurados, a los cuales entregó su vida. También anduvo por Granada otro maravilloso loco de la fe, **san Juan de la Cruz,** prior del convento de la Orden Calzada situado en la Alhambra y hoy conocido como Carmen de los Mártires. Junto al inventario de santos y beatos, que son numerosos, hemos de citar a dos espiritualistas notables: a Luis de Sarriá o **fray Luis de Granada,** teólogo, predicador y tratadista (nació en 1504), dominico autor de las obras *Guía de pecadores* y *Libro de la oración y meditación,* que el inquisidor general Valdés inscribió en el índice de libros prohibidos. Es uno de los exponentes máximos de la prosa renacentista y sus textos han sido traducidos a más de veinte idiomas. El otro, jesuita, se llama **Francisco Suárez,** el padre Suárez (nacido en 1548), teólogo, filósofo y jurista, profesor en Segovia y Valladolid y catedrático de Teología en Alcalá de Henares, de donde pasó a la Universidad de Coimbra. Se ha dicho de él que «es fundamental en la renovación escolástica española, junto con el padre Vitoria». Filósofo moderno, «es el gran maestro desde el cual piensa toda la Europa actual, tanto que influyó vivamente en Leibniz, Spinoza, Descartes, etcétera». Su obra clave es *Disputaciones metafísicas* (1597).

En el penoso mundo literario descuellan **Diego Hurtado de Mendoza** (nacido en 1503), descendiente del marqués de Santillana, compañero de estudios de fray Luis de Granada, militar al servicio de Carlos I y su embajador en distintos países, observador en el concilio de Trento; amigo de Boscán, Garcilaso y, en Italia, de Aretino, Sadoleto, Tiziano y Vasari. Autor de *Guerra de Granada* y numerosos libros en verso, durante siglos se le atribuyó *El lazarillo de Tormes.* Y **Antonio Mira de Amescua** (nacido en 1574), poeta y autor

Pedro Antonio de Alarcón.

Alonso Cano.

El Gran Capitán.

Marqués de Santa Cruz.

El general Narváez.

García Lorca.

dramático, fundador en Italia de la «Academia de los Ociosos» (1610), discípulo de Lope de Vega y «gran imaginador de argumentos, que otros aprovechaban» según Menéndez Pidal. Escribió más de sesenta obras, entre ellas *El esclavo del Demonio, La rueda de la fortuna, La Fénix de Salamanca,* etcétera. De la época son **Pedro Soto de Rojas,** gongorista, y **Álvaro Cubillo de Aragón.** Ya en el siglo XVIII aparece **Francisco Martínez de la Rosa** (nacido en 1787), político y escritor. Como político transitó desde el calabozo a la Jefatura del Gobierno, desde el exilio a presidente del Consejo de Estado, y como escritor, desde poetizar en fonda de mala muerte en París a dirigir la Academia de la Lengua. Son títulos propios *Edipo* (tragedia clásica), *Aben Humeya* y *La conjuración de Venecia* (dramas), *Doña Isabel de Solís* (novela histórica) y *La revolución actual de España* (política), *El espíritu del siglo* (historia de la Revolución Francesa) y El *Bosquejo histórico de la política de España desde los Reyes Católicos hasta nuestros días.* Otro político y escritor del XVIII es **Francisco Javier de Burgos** (nacido en 1778); colaborador en la francesada, hubo de huir en 1812 a París, pero volvió poco después. Tradujo las obras de Horacio e ingresó en la Academia de la Lengua. Con Isabel II fue secretario de Estado y ministro de Fomento, haciéndose famoso como autor de la reforma administrativa que configuró la actual división provincial de España. Escribió algunas comedias, entre ellas *Los tres iguales* y *El baile de máscaras.*

En el XIX surgen dos escritores de fuste, muy granadinistas, **Pedro Antonio de Alarcón** y **Ángel Ganivet.** Alarcón (nacido en 1833), que huye de casa en busca de aventuras literarias y participa en revueltas políticas, fue director de revistas y colaborador en diarios; incluso interviene en la guerra de África (1859), de donde publica *Diario de un testigo de la guerra de África.* Diputado a Cortes, consejero de Estado y académico de la Española de la Lengua, escribe algunas novelas que le llevan a la fama, como *El final de Norma, El escándalo, La pródiga, El sombrero de tres picos, El capitán Veneno,* etcétera. Ángel Ganivet (nacido en 1865), escritor y diplomático, fue vicecónsul en Amberes, Helsinki y Riga, donde se suicida arrojándose al Dwina en 1898. Es, se dice, «uno de los dos más importantes escritores de pensamiento de la generación del 98», siendo el otro Miguel de Unamuno. Publicó *Idearium español, Los Trabajos del Infatigable creador Pío Cid, La Con-*

quista del Reino de Maya y la pequeña obra maestra *Granada la Bella.*

En el panorama del arte destaca la figura señera de **Alonso Cano** (1601), pintor, escultor y arquitecto, «sus trabajos artísticos se interrumpieron con frecuencia por los múltiples incidentes de su trágica vida». Siendo sus esculturas y sus cuadros de enorme fuerza creadora, como arquitecto realiza magníficas obras, entre ellas, la fachada de la catedral de Granada. Discípulo de Cano es **Pedro de Mena** (nacido en 1628), escultor que ha dejado un largo ejemplo de maestría, así como la familia Mora, **José, Diego** y **Bernardo de Mora,** cuyas obras de imaginería enriquecen templos de media España. Entre los pintores habría que seleccionar a **Juan de Sevilla** (nacido en 1627); **Atanasio Bocanegra,** pintor de cámara del Rey y, sobre todos, a **Juan Sánchez Cotán** (nacido en 1561), religioso lego de la Cartuja de Granada.

José María Rodríguez Acosta.

De los militares, sin duda, Gonzalo Fernández de Córdoba, el **Gran Capitán,** que vivió, murió y está enterrado en Granada. Y **Gonzalo Jiménez de Quesada** (nacido en 1496), que conquistó y fundó la Nueva Granada, en lo que hoy es Colombia. Y **Álvaro de Bazán** (nacido en 1526), marino experto, Capitán General de la cuarta escuadra de Lepanto, que consiguió la victoria. Y **Mariano Álvarez de Castro,** heroico defensor de Gerona ante los franceses (1809). Y **Ramón María Narváez,** el popularísimo general Narváez (nacido en 1799); amparador de la Constitución en 1822, implicado en el motín de Sevilla en 1813 y huido a París, regresa y se le encomienda la Capitanía de Castilla la Nueva, funda el partido moderado (1844) y preside el Consejo de Ministros. Le llamaron *Espadón de Loja,* por ser expeditivo y haber nacido en dicha ciudad granadina.

Mariana de Pineda.

Entre los contemporáneos hay que distinguir al pedagogo **Andrés Majón;** al músico **Manuel de Falla** que, aunque gaditano, estuvo mucho tiempo afincado en Granada, donde escribió gran parte de su obra; a los escritores **García Lorca, Ayala y Rosales;** a los pintores **López Mezquita, De la Serna, Manuel Ángeles Ortiz** y **José María Rodríguez Acosta** y al estudioso **Manuel Gómez-Moreno.** Y dos mujeres, **Mariana de Pineda** (sacrificada por el absolutismo en 1831, a los 27 años de edad) y la condesa **Eugenia de Montijo,** emperatriz de los franceses.

Eugenia de Montijo.

II. GUÍA DE LA CIUDAD

Granada, en sus inicios, padeció el enredo polémico de una trinacria cultural, la constituida por iberos, judíos y romanos, a tal punto que la tripartición cuajó como símbolo en sus monedas, la *enigmática triscela* (tres celdas) estudiada por el profesor Gómez-Moreno, cuando es el simple logotipo de los compartimentos estancos en que se hallaba fragmentada. Las tres razas, durante muchos siglos atrincheradas en su apartijo urbano y sin posible fusión, que propició la charada de tres toponimias para una sola aglomeración humana o, lo que es semejante, la levadura sin fermentar de extrañas etnias. De manera que, andando el tiempo y con la presencia de nuevas sangres (visigodos, sirios, africanos, hispanomusulmanes del éxodo nacional, castellanos viejos, gitanos y, finalmente, colonos del Norte importados por Felipe II), dio lugar a innumerables guetos municipales que demarcaron los barrios granadinos, estableciendo límites urbanos con auténtica denominación de origen.

Y, aunque tales distritos permanecen, incluso activados por los gremios y las desconfianzas vecinales, ¿quién se atreve a fijar un acuartelamiento real, preciso, en una capital como Granada? Se da el caso, además, de que una casa morisca del Albayzín se halla ubicada en el barrio catalán de la Quinta. O que un rincón del Real de Cartuja, con todos sus gestos visigodos, perviva en el beaterio de la Magdalena, al otro lado de la ciudad.

Es decir, estamos ante el laberinto, al que se han adherido otros dédalos de poca monta, y no valen el barrunto y la especulación sobre lindes históricas, religiosas, arquitectónicas, corporativas o rencillosas para cercar esos barrios, en este caso los *paseos* o itinerarios. Sencillamente, porque un barrio casa con otro barrio sin prejuicios ni dote municipal, porque una zona se mezcla a otra sin ceder carácter y porque una manzana de viviendas cala en otra manzana sin romperla ni mancharla.

Sin embargo, nos atrevemos a nominar cada *paseo*, pese al entreverado de tópicos, por su mayoría de edad cronológica, o séase, por su impronta cultural o por sus taras tradicionales. Salvo el primer itinerario, Granada nazarí o monumentos árabes, que efectivamente reúne el conjunto de edificios hispanogranadinos más notable, aunque mancillados por quimeras como el palacio de Carlos V o Santa María, el resto de los *paseos* se debaten entre la identidad y la apografía.

El Partal y sus jardines.

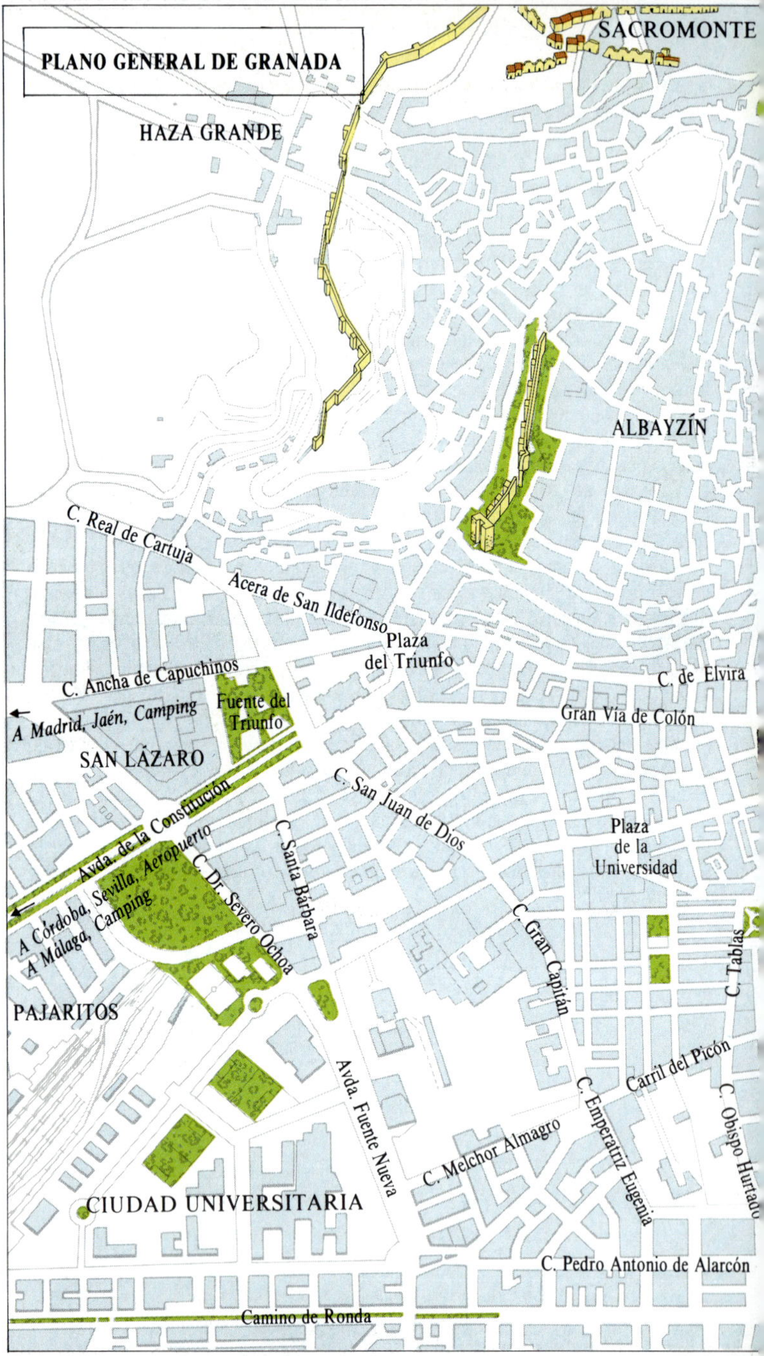

PLANO GENERAL DE GRANADA
SACROMONTE
HAZA GRANDE
ALBAYZÍN
C. Real de Cartuja
Acera de San Ildefonso
Plaza del Triunfo
C. de Elvira
Gran Vía de Colón
C. Ancha de Capuchinos
Fuente del Triunfo
A Madrid, Jaén, Camping
SAN LÁZARO
C. San Juan de Dios
Plaza de la Universidad
Avda. de la Constitución
C. Santa Bárbara
C. Dr. Severo Ochoa
A Córdoba, Sevilla, Aeropuerto
A Málaga, Camping
C. Gran Capitán
C. Tablas
PAJARITOS
Avda. Fuente Nueva
Carril del Picón
C. Emperatriz Eugenia
C. Obispo Hurtado
C. Melchor Almagro
CIUDAD UNIVERSITARIA
C. Pedro Antonio de Alarcón
Camino de Ronda

GENERALIFE
ALHAMBRA
Carrera del Darro
Plaza
anta Ana
Campo
del Príncipe
REALEJO
A Sierra Nevada
Santa Ecolástica
C. Pavaneras
C. Reyes
Plaza
de Isabel
la Católica
Católicos
LA QUINTA
Paseo del Salón
SAN MATÍAS
Puerta
Real
Acera del Darro
C. San Antón
SAN ANTÓN
Río Genil
C. de Recogidas
C. Mulhacén
FIGARES
Camino de Ronda

I. Monumentos árabes

En este primer *paseo*, el visitante habrá de jugar a la rayuela cronológica y habrá de ordenar un rompecabezas arquitectónico, pues dará un paso con el que adelanta dos siglos de historia o regresa cuatro siglos de leyenda, y contemplará una torre en la que se mezclan, con la argamasa, tres culturas, o una sala en la que conviven el alicatado árabe, el artesonado renacentista y la chapuza decimonónica.

El visitante recorre, sin salir del conjunto monumental, las más arcaicas construcciones, algunas de tan lejana mano de obra como los asentamientos de Torres Bermejas y de la Alcazaba, de origen iberorromano; las más absurdas prótesis, como la sala de las Camas; el mayor prodigio decorativo, como la sala de Comares; los trasplantes sin causa justificada, como la taza de la fuente del Jardín de Daraxa que antes estuvo en el patio del Mexuar; el increíble equilibrio estético del patio de la Alberca; la ensalada de estilos de la capilla de Felipe V; el poderoso argumento aparejador del cuarto de los Leones, etcétera. Todo ello enmarcado por soberbios panoramas, unos de procedencia genesiaca, otros creados por antiguos invasores y recreados por vecinos recientes; avalado por auténticas ruinas; acompañado por jardines arabigogranadinos y vigilado por innumerables macetas de Fajalauza, incluso, por el aliño polémico de edificios como el palacio de Carlos V y la iglesia de Santa María de la Alhambra.

La Alhambra, sin embargo, es la suma maravillosa de una serie de palacios, torreones, murallas, huertas y ruzafas, acogidos a tres accidentes geográficos, colinas gestuales de un entorno esplendoroso, y ligados estrechamente por la historia, la leyenda y la literatura apologética, expresiones ecuánimes que no alcanzan a la realidad cultural, concretamente artística de la inspiración nazarí.

La Alhambra se visita, no se lee.

Páginas anteriores, vista de la Alcazaba (Alhambra) y de las murallas del siglo XI (Albayzín), desde San Cristóbal.

La Alhambra

La Alhambra es el conjunto monumental hispanoárabe más importante de cuantos se mantienen en pie. La Alhambra es también la palabra mágica que envuelve toda clase de sinonimias de lo maravilloso, lo romántico, lo sensual y lo misterioso.

Hay tres caminos que llevan a los palacios nazaríes, pero la cuesta de Gomérez es la única dirección decente.

Colina de la Assabica.
22 55 05.
2.
Horario verano: laborables, de 9 a 20; festivos, de 9 a 18. Horario invierno: de 9.30 a 18. Visita nocturna, de 22 a 24, martes, jueves y sábados.
€€€

Peinador de la Reina en la Alhambra.

Esta calle, como alguna otra granadina, tiene puerta, la **de las Granadas,** mazacote almohadillado con tres arcos, que trazó Pedro Machuca (sobre 1536) según capricho de don Carlos I. Para elevar este enorme telón renacentista hubo que demoler **Bib Albuxar** o puerta de las Alegres Nuevas, uno de los torreones defensivos que se alzaban en la cerca de la ciudadela. Los dos arcos menores de la puerta de las Granadas, llamada así por los tres enormes frutos que decoran su frontón, permanecieron tapiados durante mucho tiempo.

Alamedas de la Alhambra

Al otro lado del paso está el bosque o **alamedas de la Alhambra,** árboles que de vez en vez pasan rachas de mugre y penuria de ruiseñores, hechos que dejan sin aliento a los granadinos.

En tiempo de los nazaritas no existía tal boscaje, naturalmente. ¡Estaría bueno un castillo rodeado de tamaño camuflaje forestal! Las arboledas extramuros de hoy datan del siglo XVI; bueno, la invención, porque fueron replantadas en los comienzos del XVII, inyectadas con nuevas savias en 1625 y repobladas, por petición del marqués de Mondéjar, quince años más tarde. Esta insistencia fitotécnica (los sembraderos continuaron en 1729, con la visita de Felipe V, y en 1828, y en 1862, con la visita de Isabel II) no caló en la generación actual; antes al contrario, la filia se vino en fobia y hoy cualquier granadino con mando en plaza, sin otra herramienta que su perversión, es capaz de talar en pocas horas lo que ha costado cien años de cultivo.

Torres Bermejas

De los tres senderos que tiran hacia arriba, el de la derecha nos llevaría a las **torres Bermejas,** fortaleza la más antigua de Granada. Parece que la obra primitiva es muy anterior a la invasión árabe y que la construcción presidía el arcaico reducto de **Garnatha Alyehud,** el lugar de los judíos. Mohamed ben Yusuf, etcétera, ben Nasr, etcétera, al Ansarí, conocido sencillamente por Alhamar, natural que era de Arjona, hacia 1240 las reedificó casi definitivamente, y decimos *casi* porque entre 1854 y 1858 un arquitecto las construyó de nuevo a su gusto y manera. Las torres Bermejas es lo poco que resta de la vetusta Castiella, Casthilia, Gazela y

MONUMENTOS ÁRABES

1. Alamedas de la Alhambra.
2. Torres Bermejas.
3. Pilar de Carlos V.
4. Puerta de la Justicia.
5. La Alcazaba.
6. Torre de la Vela.
7. Puerta del Vino.
8. Alcázares nazaríes.
9. El Mexuar.
10. Patio de la Alberca.
11. Torre de Comares.
12. Patio y fuente de los Leones.
13. Salas de los Abencerrajes y de los Reyes.
14. Mirador de Daraja.
15. Tocador de la Reina.
16. Los Baños.
17. El Partal.
18. La Mezquita.
19. Las Torres.
20. El Generalife.
21. Patio de la Acequia.
22. Palacio de Carlos V.

La Alhambra desde el Generalife.

tantas otras denominaciones a las que todavía no han encontrado la clave los eruditos.

Volvemos al sendero del centro, columna vertebral del bosque. Por sus laterales trota el agua malabarista de los palacios árabes y sobre él se cierra la cúpula de álamos negros, elementos líricos que despepitaban al insigne don José Zorrilla.

Esta avenida central se abre en tres placetas circulares, en una de las cuales se halla la **fuente del Tomate** y, junto a ella, el **monumento a Ganivet,** del escultor Juan Cristóbal, erigido en 1921. A la izquierda y a la altura de la primera glorieta, agazapada entre la arboleda, existe una puerta árabe. Se trata de la puerta de las Orejas o de **Bibrambla,** entrada principal de la tercera muralla granadina, situada en la que es actualmente plaza del mismo nombre y demolida en 1884 por el Ayuntamiento. Los restos del arco pasaron al museo Arqueológico hasta 1935, año en que don Leopoldo Torres Balbás, arquitecto conservador de la Alhambra, decidió reconstruirla en el bosque. Se conocía como de las Orejas y de las Manos porque en ella se colgaban los miembros de los malhechores ejecutados por la justicia; también como **arco de los Cuchillos,** del Caballo, etcétera.

Pilar de Carlos V en la Alhambra.

Pilar de Carlos V

El camino de la izquierda, del que Al Jathib escribió «cristalinos raudales brotan alegrando la vista y se reparten en venas de agua que reptan entre bosques sombríos», desemboca en el rellano del **pilar de Carlos V,** que es el pilar de Carlos I. Para sosegar el bofe y frente a los caños hay una rotonda de asiento, lugar mancillado por la avalancha de extranjeros y los colorines de sus autocares, pero desde la que se abarca la obra de Nicolao de Corte, según diseño de Pedro Machuca y patrocinio del conde de Tendilla. Es un formidable pilar renacentista, con inscripción heterodoxa que dice «Imperatori Caesari Karolo quinto hispaniarum regi», pero trabajado en piedra ruin, pues desde 1545 en que se hizo a nuestros días ha sufrido bastantes restauraciones, una de ellas trascendental, la de 1624, en que Alonso de Mena, el famoso escultor granadino, cambió algunas piezas, como los mascarones y ciertos escudos.

Las bocas de agua dicen que representan a los tres ríos de Granada: Beyro, Darro y Genil.

Puerta de la Justicia

Junto al pilar y al fortín defensivo, construido en 1568, está la **puerta de la Justicia,** entrada oficial del recinto árabe. Es el paso moderno, pues los accesos clásicos fueron la **puerta de Siete Suelos,** en la terminal del camino central del bosque, y la **puerta de las Armas,** que trepando el paredón norte desde el Darro daba a la plaza de los Aljibes. El verdadero nombre de la puerta es **Xarea** o de la Explanada y se levantó en tiempos de Yusuf I, mediado el siglo XIV. Impresionante torre con dos arcos de entrada en los cuales se conserva la puerta forrada con hierro y muy valiosos cerrojos y pestillos árabes. Su estructura interior en ángulos rectos es típica de las aberturas defensivas granadinas. En el interior existe una lápida de mármol con letras de plomo, placa que se instaló en 1599, en la que se asegura la entrega de Granada y la Alhambra a los Reyes Católicos por el mismo rey moro Muley Hazen!!! El pobre bajó de su tumba, en todo lo alto de Sierra Nevada, para hacer entrega personal de las llaves del reino a los ínclitos cristianos.

Desde la puerta y por un callejón se llega a la **plaza de los Aljibes,** cisternas que no tienen nada de árabe a no ser la mano de obra, pues las mandó construir el conde de Tendilla en 1494, asolando la auténtica distribución arquitectónica del recinto, donde al menos existieron otras torres y murallas, como la casi desconocida **puerta Real.**

La Alcazaba

A la izquierda de la plaza de los Aljibes tenemos la **Alcazaba,** con la famosísima **torre de la Vela.**

Hagamos una excursión rápida. La Alcazaba de la Alhambra, junto con las torres Bermejas, pertenece a la obra más antigua de las colinas de la Assabica, posiblemente anterior a los romanos, aunque Al Jathib jura que se debe al caisí-poeta Sáwar ben Hamdum. Lo que sí podemos asegurar es que las construcciones y ruinas actuales proceden de la gran reforma llevada a cabo por Alhamar a mediados del siglo XIII. «Mohammed I» escribe Gallego Burín, «al elegir Granada para asiento de su dinastía, rodeó de murallas y defensas el primitivo castillo, convirtiéndolo en gran fortaleza y elevando al Este dos torres, la Quebrada y la del Homenaje; al lado opuesto, otra mayor, la de la Vela, ciñendo exteriormente el conjunto con un antemuro, a la manera de las defensas almohades».

La **torre de la Vela, o de la Campana,** se llama así desde la toma de la ciudad, al instalar en ella los Reyes Católicos una campana que, con sus tañidos, marcara los turnos de riego en la Vega. Semejante a la

Victoria de Samotracia, sólo que sin alas y sin Samotracia, la torre ha sido tribuna de los más importantes momentos históricos de Granada. Desde el 2 de enero de 1492, en que se tremolaron victoriosamente el estandarte del apóstol Santiago y las banderas de los Católicos, hasta el ondeo rojo y gualda del 1936 prenunciando la dictadura franquista. Y aunque cada dos de enero se repica la campana para recordar el final de la Reconquista, la tradición se fue por el lado popular y las mocicas granadinas subían a la torre de la Vela para sacudir dos badajos, ceremonia con la que se conseguía novio dentro del mismo año.

La Alcazaba (Alhambra).

En la Alcazaba se halla un jardín del siglo XVIII, mandado plantar por el marqués de Mondéjar en el adarve bajo, de donde toma el nombre: **jardín de los Adarves.**

Rincón que supieron aprovechar los artistas del XIX, especialmente John F. Lewis y más adelante don Mariano Fortuny, que lo popularizó con el sobrenombre de **jardín de los Poetas.** En la torrecilla previa a la torre de la Vela, la de la Pólvora, se puso en 1957 una placa con el texto de Francisco A. de Icaza que dice:

«Dale limosna, mujer,
que no hay en la vida nada
como la pena de ser
ciego en Granada»

Puerta del Vino

La puerta del Vino, nombre un tanto desconcertante si recordamos que los musulmanes tenían excluido el vino de sus coletos, aunque si repasamos los poemas arábigo-andaluces raro sería no encontrar en ellos alusiones descaradas al morapio y a los jumeras. Lo más probable es que lo de puerta del Vino se derive de la interpretación oral que se origina al pronunciar *Alhamrá*, la roja, como *Aljamrá*, el vino. Otros afirman prosaicamente que arranca de 1556, cuando era depositado en dicha puerta el vino, libre de toda clase de impuestos, para el gasto de los vecinos de la Alhambra.

La construcción es bellísima, se advierte a la primera ojeada, y de sus dos fachadas la exterior, la que mira al Norte, es la más antigua, siendo el total de la obra de tiempos de Mohammad II, quizá antes, excepto la portada interior, realizada por los alarifes de Mohammad V. En esta entrada (las puertas árabes granadinas han servido de escaparate hasta hace bien poco) se exhibió el cadáver de don Pedro de Castilla, muerto por los nazaríes en 1319, durante la batalla de Pinos Puente.

Alcázares nazaríes

Al **palacio Real Árabe** se entraba en la antigüedad por la **puerta de las Armas,** para los que viniesen del Albayzín y zona norte de la ciudad, y por la **puerta de los Siete Suelos,** para los contravecinos. Desde 1692, en que se abrió un hueco en la galería sur del **patio de los Arrayanes,** hasta 1926, se llegaba directamente al citado patio. A partir de entonces penetramos por un patinillo refrescante que desemboca en el **Mexuar** o Cuarto Dorado. El palacio Real o Alcázares nazaríes lo componen cuatro núcleos arquitectónicos: el **Mexuar,** el Serrallo o **Cuarto de Comares,** el Harem o **Cuarto de los Leones** y las construcciones posteriores a la rendición de Granada. El primero contenía las dependencias relativas a la administración judicial; el segundo correspondía a la residencia oficial del Rey y el tercero abarcaba los aposentos privados. El Mexuar es, de estos tres bloques primitivos, el que más alteraciones ha sufrido en su disposición original. Gallego Burín, en su *Guía artística e histórica de la Ciudad de Granada,* explica: «A pesar de la actual homogeneidad del conjunto de estas construcciones hay, sin embargo, entre los últimos palacios diferencias esenciales, pues mientras

Fachada oeste de la puerta del Vino (Alhambra).

el de Comares es característicamente musulmán, el de los Leones presenta anómalas variantes e influencias de tipo cristiano, sin duda derivadas de las relaciones mantenidas por su constructor, Mohammad V, y el rey de Castilla Pedro I. Estas observaciones se hacen a veces difíciles de explicar por el obstáculo que ofrecen a la Alhambra los problemas de cronología a causa de la frecuencia con que se renovaban sus decorados y de las numerosas restauraciones realizadas desde los tiempos de los Reyes Católicos, primero por artífices moriscos, cuya labor se confunde fácilmente con las obras antiguas, y después prodigadas en los tiempos modernos con mecánica perfección».

Del **Mexuar** primitivo queda bien poco; lo más, arruinado, y el resto rehecho y falseado. La obra de Alhamar, sobre la que Ismail recreó su palacio, que más tarde deshicieron en su mayor parte Yusuf I y Mohammad V para ensayar ideas de alarifazgo; las reformas castellanas practicadas por la sobriedad cristiana y la explosión de un polvorín en 1590, nos han dejado un extraño engendro que, sin embargo, guarda la adorable anarquía y desorden hispánicos.

El Mexuar

Ante el oratorio se encuentra la sala del Mexuar o capilla de Felipe V. Este prodigio o ensalada decorativa, en donde se mezclan ménsulas de mocárabes con cuarterones castellanos, yeserías nazaríes con azulejos del XVIII, lazos moriscos con dorados del XVI, es una maravilla que sorprende al más curtido admirador de ejemplares extraños. Se colocaron esas solerías y se desmontaron aquellos techos, se instaló una capilla y se rebajaron los suelos, se puso un cancel de vidrios y madera y se cegaron unas ventanas; en fin, desde 1537 hasta 1930, más o menos, la sala del Mexuar ha sido como el escenario de un teatro al cual se adaptaba el decorado de circunstancias. Hoy no hay nadie que sepa cómo eran estos apartamentos.

Ornamentación del patio de los Arrayanes (Alhambra).

Desde aquí se pasa al patio del Mexuar y al Cuarto Dorado. Lo más importante es la fachada sur del patio del Cuarto Dorado, que también atiende por del Mexuar, de la Mezquita, de Comares, etcétera (nombres que prodigamos, ya que algunas guías suelen utilizar uno o dos de ellos, dando lugar a confusiones). Luis Seco de Lucena Paredes la describe así: «Esta bellísima y monumental fachada, acaso ejemplar único en su género y preciada joya del arte nazarí, consta de...», sigue una extensa exégesis. En resumen, de lo mejorcito de la Alhambra. Pero (siempre asoma el pero) la fuente que centra el patio es de 1945. La que hubo aquí en tiempos del sultán Mohammad V, idéntica a la moderna, se halla ahora sobre un pedestal cristiano en el jardín de Daraxa.

Patio de Comares o de la Alberca

Haciendo un rodeo sombrío se da uno de boca con el famosísimo **patio de Comares,** conocido igualmente por **de los Arrayanes, de los Mirtos** (es lo mismo arrayán para los que prefieren el árabe y mirto para los que gustan del latín o del griego), **de la Alberca, del Estanque** (la misma historia, árabe o latín) y alguna que otra denominación. «Maravilloso patio de los Arrayanes cuya peregrina belleza ha dado universal fama a la Alhambra», dice un arabista granadino. Y desconcertante, pues parece bastante mayor de lo que es, sólo 36,60 metros de largo por 23,50 de ancho (por el lado sur, más estrecho: 22,90). Y en cambio, la alberca, o el estanque, como quieran, parece menor de lo que

Fachada norte del Cuarto Dorado, o del Mexuar.

es (34 por 7,10 metros). El patio resume todo el equilibrio y serenidad de la arquitectura nazarí. En la galería sur se destruyeron algunas habitaciones, no gran cosa, para encajar la montaña de piedra renacentista del señor Machuca, año de 1537. Aquí, se dijo, existió el palacio de invierno de los reyes nazaritas; pero no hubo tal, a lo sumo algunas dependencias de menor categoría.

Torre de Comares

La galería norte es el pórtico luminoso de la formidable **torre de Comares.**

En ella se inicia el libro de poemas de **Mohammad aben Zemrec** (1354-1380), uno de los pocos escritores

Ventana geminada (Alhambra).

que han impreso su obra en yeso, cerámica y mármol y con una encuadernación tan fabulosa como es la misma Alhambra.

El zócalo de azulejos de la galería es obra de los moriscos Antonio Tenorio y Gaspar Hernández y se instaló de 1587 a 1599.

La sala inmediata se llama **de la Barca,** dicen que por la forma de su bóveda, aunque creemos, como explica Gallego Burín, que es una contracción fonética de *baraka,* palabra árabe que significa *bendición,* y que, como un matasellos, certifica sus paredes. La bóveda auténtica desapareció el 15 de septiembre de 1890, por amor de fuego.

Y el **salón de Embajadores,** piso principal de la torre de Comares. Esta torre, *la más poderosa* de la Alhambra, y la más alta (45 metros, pero no los aparenta por su actitud sedente), se denomina de Comares (también se escribía Comárex) por las vidrieras de colores que cerraban los nueve balcones de la sala de Embajadores, tipo de cristaleras que todavía se conocen en el Oriente con el nombre de *comarías.* La sala de Embajadores, la más noble e impresionante de la ciudadela, es cuadrada, 11,30 metros de lado, y su altura alcanza los 18,20 metros. En los laterales exentos de la sala se abren tres balcones, el central gemelo, y sobre ellos ventanas con celosías de madera y vidrios de colores, hoy desmontados.

La decoración de la sala de Embajadores es un prodigioso alarde de geometrías y grafismos, todo con sus nomenclaturas propias: alicatados, yeserías de lazo, ataurique, mocárabes, etcétera. Los lienzos de las paredes y el techo asombran al espíritu más simplista y le dejan anonadado. Uno, el que esto escribe, que es escéptico de nación y lleva sangre morisca en las venas, reconoce que la sala de Embajadores le quita el aliento admirativo, pese a las manipulaciones y remiendos practicados en ella. Y reconoce la habilidad mimético-simbólica de los hijos del desierto y su contribución al embeleso y su tendencia a convertir la palabra en obra de arte y en monumento.

La sala de Embajadores es, además, solar histórico. En ella se decidió la entrega de Granada y su Reino a los divinos impacientes asentados en Santa Fe.

En ella, según la tradición, Aixa dijo a Boabdil, mostrándole la ciudad desde uno de los balcones: «Mira lo que entregas y acuérdate que todos tus antepasados murieron reyes de Granada y que el reino acaba en

Salón de Comares.

ti». En ella, también según la tradición, se firmaron las capitulaciones (fue en Santa Fe) entre Fernando e Isabel y Cristóbal Colón, para el primer viaje a América, y en ella doña Isabel ofreció a Colón todas sus joyas para financiar la aventura; pero esto sí que es harina de otra leyenda.

Patio de los Leones

De la torre de Comares se pasa al **patio de los Cipreses,** conocido igualmente por de la Reja, si es que se quiere tirar hacia abajo; de lo contrario hay que regresar al **patio de la Alberca** y por un recodo en el paño este del recinto, se entra al **Cuarto de los Leones.** Estamos ahora en el tercer bloque de construcciones primitivas, las del harén. Estas dependencias corresponden casi en su integridad al reinado de Mohammad V (desde 1354), que ya había renovado la decoración y algo de la estructura del patio de los Arrayanes, de la sala de la Barca y del salón de Comares. Se ha dicho que en el Cuarto de los Leones «el arte arábigo-granadino alcanza su máximo esplendor». Gallego Burín, siempre con su fina y justísima observación, explica: «En él todos sus elementos se afinan y sensibilizan hasta límites insospechados: un espíritu nuevo preside su ordenación y agrupamiento, y la luz, el color y el agua vienen a integrar esta arquitectura quebradiza y sutil, en la que se agotan todas las posibilidades decorativas, apareciendo en ellas una inspiración naturalista que contrasta con la del periodo anterior, más abstracta y geométrica. Los ojos musulmanes, cansados ya de la línea pura, se abren de nuevo a la Naturaleza y toman de ella motivos para su decoración. Es el influjo de lo cristiano, al que los granadinos comienzan a entregarse, como si presintieran que ese espíritu iba a ser el próximamente triunfador».

Pero a lo nuestro, que es el Cuarto de los Leones. Estas instalaciones del harén rondan el patio de los Leones, imagen famosísima y, sin embargo, desconcertante, con un total de cuatro habitaciones importantes con entrada por cada lado del rectángulo abierto de dicho patio. Viniendo, como venimos, del Serrallo, es decir, por el Oeste, se encuentra la **sala de los Mocárabes,** llamada así por la labor de yesería de su bóveda, desaparecida cuando la explosión de 1590; rehecha, o mejor sustituida, por otra elíptica diseñada por Ledesma, bastante ordinaria, en 1614. Hoy quedan para muestra parte de la primitiva, descubierta en 1863, y parte de la suplantadora del XVII. Por tres arcos, también de mocárabes, se da al patio de los Leones.

Todo el mundo conoce el **patio de los Leones,** aunque no haya estado jamás en Granada. Sus leones son más populares que cualesquiera otros, incluidos los del Congreso, y su columnata más universal que la de Bernini, en el Vaticano. El patio mide 28,50 por 15,70 metros, es decir, 441,75 metros cuadrados. Damos estas cifras porque el nativo acostumbra a decir que el solar del patio de los Leones corresponde exactamente a un **marjal,** medida agraria equivalente a 100 estadales granadinos, o cinco áreas y 25 centiáreas.

Capiteles del patio de los Leones.

Lo cierto es que en dicho marjal, rodeado por una galería con dos templetes en los frentes menores, crecen 124 columnas finísimas de mármol blanco, a veces independientes, a veces en parejas y a veces, como en los templetes, en grupos de tres o cuatro. Se asegura que los capiteles son todos diferentes y es posible que alguien se haya detenido a mirarlos uno por uno.

Los pabellones enfrentados de la galería que rodea el patio encierran en sus cúpulas formidables trabajos de carpintería arábigo-granadina. Los mocárabes son realmente magníficos. Pero estos templetes, especialmente el que da a Oriente, han soportado toda clase de *parches y adiciones.* Éste concretamente, después de las reformas del siglo XVII, fue dotado en 1859 de un cascarón vidriado, añadido ocho años más tarde de ridículas almenas, y rehecho, según como el original, en 1934.

Patio de los Leones.

Fuente de los Leones

Elemento importante del patio es la **fuente de los Leones.** Doce felinos hieráticos, pernicortos y molondros, que sostienen con sus lomos la gran taza de mármol blanco. En el borde de la taza existe un fragmento de la casida (composición poética arabe) dedicada por Zemrec a Mohammad V, texto grabado en la maravillosa pátina verdeazulada y oxidomalva del mármol, en el que se canta, entre otras alabanzas, lo siguiente: «¿Por ventura este jardín no nos ofrece una obra cuya hermosura no quiso Dios que tuviera igual?»

La fuente, que ahora juran conserva su carácter primitivo, ha llegado a tener tres cuerpos que un servidor ha conocido, ya que se le desmontó en 1945 la segunda taza, añadida en el umbral del XVII y el surtidor sobre ésta, instalado en 1838.

Salas de los Abencerrajes y de los Reyes

Al lado derecho, pared del sur, se abre la **sala de los Abencerrajes,** nombre que debe a un supuesto episodio entre el monarca reinante y los abencerrajes; y decimos monarca reinante porque aún nadie sabe si fue en tiempos de Mohammad X, en los de Muley Hacem o al final, cuando don Boabdil, el Pequeño. La leyenda tampoco se sabe quién la inventó: nos referimos a las manchas que hay en el mármol de la fuente, sangre hidrofosilizada de aquellos guerreros hijos del Sillero, degollados uno a uno según entraban a la sala.

Sala de la Justicia (Alhambra).

«Al fondo tenemos la **sala de los Reyes,** dividida en tres partes; en los extremos de la sala se abren alcobas igualmente decoradas, con lo que toda esa dependencia queda dividida en siete partes, ofreciendo una perspectiva escenográfica que contribuye a realzar su luz, quebrada por la angulosidad de los arcos», escribe Gallego Burín. En las alcobas del fondo, las cúpulas de madera forradas de cuero contienen pinturas muy interesantes y por lo mismo, polémicas. Mucho papel y tinta se llevaron por delante las famosas pinturas, sobre todo como problema canónico y especialmente como cuestión originaria. Que no son árabes está claro; que son italianizantes, también; que su autor fuese un artista toscano, más que seguro. El contraste de esas bóvedas al óleo del *quattrocento* y la algarabía decorativa de la sala dejan un tanto perplejo al espectador.

La sala de los Reyes, también de la Justicia y del Tribunal, fue iglesia de Santa María hasta 1618, en que se terminó el templo de igual nombre, junto a la rauda moruna.

Mirador de Daraja

Y por último, la **sala de las Dos Hermanas,** en el lateral norte del patio. Este conjunto de habitaciones integraban, al parecer, la vivienda de la Sultana y sus allegados, ya que en ella se encerraban las esposas oficiales con sus hijos, al ser repudiadas por el Monarca. Al menos así fue con Aixa, al menospreciarla Muley Hazen y sustituirla por Isabel de Solís, quien adoptó el sobrenombre de Zoraya o Fátima Zoraya, lucero del alba. Sin embargo, el nombre de Dos Hermanas con el que se conoce la sala no recuerda ninguna fraternidad concreta, sino que alude a dos grandes losas de mármol gemelas, que cubren el centro de la habitación y recuadran la fuente interior. La sala, construida en el reinado de Mohammad V, posee dos salitas a los lados, la de los Ajimeces y el **balcón romántico de Daraja.** La **de los Ajimeces** se llama así por dos balcones gemelos que dan al jardín, huecos con parteluz pero no ajimeces. El ajimez, que mucha gente confunde con estos bellísimos balcones, es algo bien distinto, pues consiste en un mirador volado y cu-

Exterior de los palacios nazaríes.

bierto con celosías, desde el que se puede curiosear a escondidas. En muchos conventos de monjas actuales es frecuente la existencia de ajimeces. La sala se cubre con una preciosa bóveda de mocárabes, labrada, naturalmente, en el siglo XVI por maese Paco de las Maderas.

Y en el sanctasanctórum del Harem, el **mirador de Daraja,** o Daraxa, como gusten. El nombre de este rincón sin par es, en árabe, *I'ain dar aixa* o «los ojos de la casa de la sultana», y lamentamos que no haga memoria de Lindaraja, hija del alcaide de Málaga, para quien, según la leyenda, fue construido el aposento. Como descubrir tal lugar es tarea inútil (jamás se conseguiría reducirlo a palabras), voy a dejar constancia de algún verso de los labrados en sus paredes: «Cuando el que mira contempla atentamente mi hermosura se engaña la mirada de sus ojos con una apariencia». «He llegado a reunir todas las bellezas, en términos que de ellas toman su luz los astros en el alto firmamento». Mohammad V mandó edificar la asombrosa orfebrería del mirador con materiales tan ruines como la escayola, el ladrillo, la cerámica, la luz, la sombra, el agua y algunas plantas de hoja perenne. Pero, amigo, los mocárabes y los alicatados necesitan un toque de luz tan sabio que los transforme en mármol, como el ladrillo y los azulejos un golpe de sombra tan astuto que los convierta en metal. El agua y la hoja añaden el sonido y la serenidad.

Tocador de la Reina

Entre el **palacio de Comares** y el **Cuarto de los Leones,** a distinto nivel, se hallan los **baños.** Hoy se entra en ellos bajando al **patio de la Reja,** o de los Cipreses, después de cruzar, viniendo del mirador de Daraja, las habitaciones de Carlos I (léase V), construidas para que las ocupara el Emperador, quien, al parecer, pensaba hacer de Granada la capital del reino; pero un tremendo terremoto asustó de tal manera a Isabel, su esposa, que el sueño de una hermosa utopía se vino abajo y las habitaciones quedaron sin inquilinos regios. Se terminaron de obra en 1537 y el desconcertante *Karolus V Hispaniarum rex* de sus artesonados lo disfrutaron otros reyes, tales como *Chorroejumo,* rey de los gitanos, y el *barón Taylor,* rey del timo. Cuando de estas habitaciones se conocen como las de Washington Irving, porque en ellas vivió y en ellas tomó sus notas para enjaretar *The Alhambra: A series of Tales* *and Sketches of the Moors and Spaniards*, los populares *Cuentos de la Alhambra*.

Estas estancias se montaron sobre el jardín y contrafuerte de la llamada **torre de Abul Hachach,** instalaciones profundamente alteradas en el siglo XVI. La misma muralla y la propia torre se convirtieron en **galería del Tocador** y **Tocador de la Reina** (también Peinador y Mirador de la Reina) para que sirviesen de retiro a la emperatriz Isabel. El Tocador de la Reina lleva en restauración un montón de años, sobre todo las pinturas al fresco de los extranjeros Julio Aquiles y Alejandro Maynet, artistas a los que echaron una mano los maestros del país.

Baños árabes (Alhambra).

Los Baños

Los **baños** o el **baño de los Sultanes** constituyen el conjunto más completo de la Casa Real árabe. En primer lugar se halla la **sala de las Camas,** obra multicolor y ramplona debida a la habilidad del señor Contreras. Don Luis Seco de Lucena escribe: «La sala de las Camas, o del Reposo, deslumbra por su flamante y suntuosa decoración de oro y colores, restaurada por don Rafael Contreras de 1845 a 1866, siguiendo las antiguas tracerías que hubo que destruir antes de que sobreviniese el hundimiento de los muros. Se conservan las columnas, pavimentación y gran parte de los azulejos». Lo peor, sin embargo, es que «hubo inscripciones con máximas alcoránicas que, en el siglo XIX, fueron caprichosamente reemplazadas por otras», anota Gallego Burín. Su máxima antigüedad no remonta los comienzos del siglo XVIII y eso indagando mucho en la bisutería del señor Contreras. Las restantes salas (los baños propiamente), de arquitectura sencilla y sin otra ornamentación que los azulejos de los zócalos, acaso sean las que menos alteraciones han tenido de cuantas construcciones componen esta parte del harén. Las bañeras de mármol, la luz estrellada que recorre la solería como una regadera absurda, las umbrías y las brumas (corre aquí unas veces agua de un frescor gratísimo, y otras, haciéndolas cesar, la reemplaza el confortable calor), el silencio, el olvido, todo un equipo de materiales simples y abstracciones que demuestran con creces la finura humana de los nazaritas.

Vecino de los baños se halla el **jardín de Lindaraja** (de Daraxa, de los Naranjos, de los Mármoles), obra de los alarifes de Carlos V. Patio irregular donde, entre cipreses, naranjos, acacias, mirtos y bojes, se alza, porque fue materialmente alzada en 1626 con un tronco cristiano, la fuente que antes estuvo en el Mexuar. Es una taza espléndida en cuyo borde se lee un poema en recuerdo de Ben Nazar. Dice allí, entre otros versos: «Soy / un grande Océano cuyas riberas son labores selectas de mármol escogido / y cuyas aguas, en forma de perlas, corren sobre un inmenso hielo primorosamente labrado». Prodiga elogios a Nazar de la estirpe de Galeb, y añade: «Y a mí me ha concedido el más alto grado de belleza, causando mi forma admiración a los sabios».

Sala de las Camas (Alhambra).

El Partal (Alhambra).

El Partal

Desde el **jardín de Daraxa** se entra a los **jardines de El Partal.** Naturalmente, estos hermosos jardines nada tienen que ver con los que describió Aljathib. Se han instalado recientemente sobre los solares que ocuparon las habitaciones de jefes, jefecillos y servidores que vivían junto al palacio Real, y sobre las huertas y ruzafas que rodeaban esas casas. El jardín actual del pórtico, que es lo que significa el Partal, abre un compás de éxtasis poco común. La gran alberca, en cuyos esquinazos del Sur hacen guardia los leones grises del **Maristán,** traídos hasta aquí al demoler dicho hospital de Locos e Inocentes en 1843; los laberintos escalonados con sus piélagos en los que naufraga el nenúfar; las glorietas de mirtos y magnolios; los arriates de innumerables familias de margaritas y, en su tiempo, de violetas; la fontanería astuta y ese extensísimo aire del sosiego, nos hacen olvidar, aunque sólo sea por un momento, las dos piezas claves del lugar: la **torre de las Damas** y la **torre del Mihrab.**

La **torre de las Damas** y su frontis del Pórtico atravesaron numerosas dificultades a lo hondo de los siglos (parece que se edificó a finales del XIII) y entre adaptaciones, restauraciones y atropellos, al fin algo quedó para conjeturas y sorpresas. En el siglo XVIII se conocía como casa del Príncipe, porque en ella residió Fernando VI siendo niño, cuando Felipe V, su padre, visitó Granada. Más tarde la llamaron torre de Ismaíl, agarrándose a una de las aludidas conjeturas. Luego, baño de las Odaliscas, seguramente por mor de la mente calenturienta de los literatos del inicio del XIX, y por último, casa de Sánchez, llamada así por un individuo de tal nombre que la habitó a mediados del siglo pasado.

Tras las palmeras existen tres casitas, manipuladas en 1817 y 1925, pues las tres viviendas fueron nueve, que mantienen sus auténticas estructuras árabes. Estas casitas son de tiempos de Yusuf I, hacia la primera mitad del XIV, y en la más próxima a la torre de las Damas existen interesantísimas pinturas árabes.

La Mezquita

Al otro lado de la torre de las Damas se encuentra el Mihrab, la popular **mezquita de El Partal.** Construida sobre la misma muralla, como tantos otros edificios de la Alhambra, debió servir de oratorio a los vecinos de esta zona y en particular a los residentes de la torre. La capilla es muy reducida, posee ventanas partidas a uno y otro lado, aparatosamente decoradas con atauriques, y ocho ventanillos con celosías, en la altura.

Oratorio de El Partal.

Torre de la Cautiva, desde el Generalife.

Las Torres

La muralla de los alcázares se prolonga hasta completar el recinto del secano, espacios bravíos en los que crecen las zarzamoras y las higueras, para finalizar en la **puerta de la Justicia.** De **las torres,** sólo un par de ellas se pueden visitar por los turistas, la **de la Cautiva** y la **de las Infantas,** porque las demás (la **de los Picos,** llamada así por sus almenas, y que es un verdadero castillo; la **del Cadí,** que casi nunca abre sus puertas; la **del Cabo de la Carrera;** la **del Agua;** la **de Juan de Arce,** sus restos; la **de los Siete Suelos,** etcétera, las cuatro últimas voladas por los franceses en 1812) quedan para la admiración de entomólogos, científicos arabistas y albañiles cansinos. La **torre de la Cautiva,** en la que vivió doña Isabel de Solís, según la leyenda, ha estado en manos de particulares hasta hace bien poco y esta servidumbre bien que se advierte en sus aposentos.

Algo más arriba, siguiendo la ronda de la muralla, se encuentra la **de las Infantas,** en recuerdo legendario de las princesas Zaida, Zoraida y Zorahaida y en homenaje literario de don Washington. Esta torre, como la

Torre de los Picos (Alhambra).

anterior, la de la Cautiva, son dos ejemplos claros del gusto nazarita por sus habitáculos, los cuales convertían las adustas torres defensivas en minuciosos palacetes acondicionados con toda clase de comodidades, agua interior, que además se aprovecha artísticamente con surtidores centrando las salas principales. En lo referente a los adornos, especialmente en las labores de atauriques, bastaría copiar parte de un texto de la torre de la Cautiva que define el intríngulis obsesionante de las yeserías: «En sus paredes hay labores, para describir las cuales son imponentes los recursos de la elocuencia, pues su hermosura no puede descubrirse. Detente y observa cómo cada figura tiene otra figura de la cual procede y con la cual se combina primorosamente».

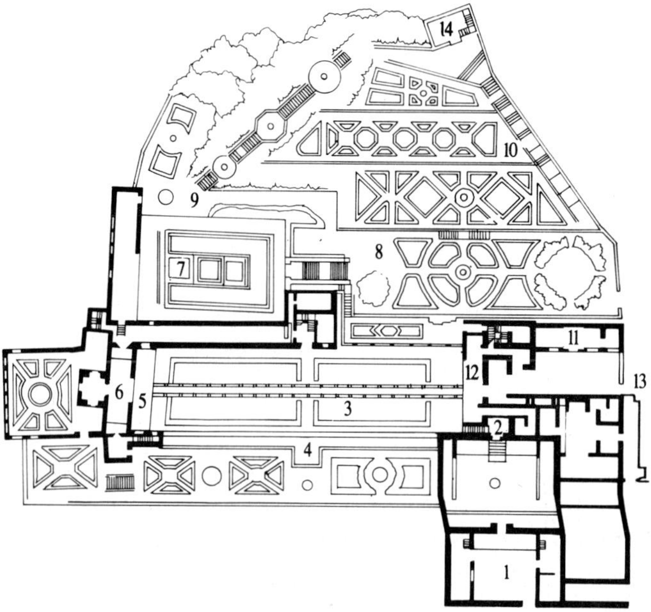

GENERALIFE

1. Entrada al Carmen
2. Zaguán y escalera
3. Patio de la Acequia
4. Mirador
5. Pórtico
6. Sala y mirador sobre el Darro
7. Patio de los Cipreses
8. Jardín del Pino
9. Escalera del Agua (árabe)
10. Jardines altos
11. Caballerizas
12. Pórtico del sur
13. Salida a los jardines modernos

El Generalife

Por distintos paseos, que todos conducen al **patio de la Acequia,** y después del moderno y laberíntico complejo de jardines, entre los cuales se construyó un teatro al aire libre, debido a la pujanza adquirida por el **Festival de Música y Danza de Granada,** teatro éste que comparte con otros lugares del palacio Real e, incluso, del mismo Generalife, las sesiones musicales, los recitales y actos del citado festival, se arriba al denominado **patio de Polo,** que corresponde a las caballerizas de antaño. Por estrecha escalinata se topa el curioso, de buenas a primeras, sin preámbulos, con el **patio de la Acequia.** Es decir, con el celebérrimo patio

2.
Ver Alhambra.

jardín, clave de todo el palacio y de sus paseos y terrazas. La etimología de Generalife aún no ha sido fijada. Los unos lo derivan de *Genna-Alarif* o jardín del Alarife (arquitecto), que parece es la apropiada y los otros, que traducen la misma frase por jardín del Paraíso Alto o huerta Excelsa. Muchos más se traen las interpretaciones de jardín del Intendente, huerta del Zambrero o del Citarista, casa del Artificio, casa del Placer, etcétera. Su creación se debe, según Luis Seco de Lucena y Paredes, «al momento decadente de los árabes españoles que, después de ocho siglos de dominación, se veían asediados por doquier, a punto de ser expulsados de la Península por el poderío cristiano y destrozados internamente por las luchas civiles. Esta decadencia del poder político, como sucede en la historia de todos los grandes pueblos, exaltaba su sensibilidad hasta niveles exquisitos, quintaesenciando poéticamente la tradición de sus orígenes». Y añade: «Conforme al concepto del jardín coránico (jardín de agua y sombra) allí podían gozar de las sensaciones que les ofrecía una naturaleza pródiga por medio de la adecuación ambiental de los sentidos. Contemplación, rumores de agua y canto de ruiseñores, aromas florales, sabor de los frutos, tibias impresiones a flor de piel, en una atmósfera de paraíso coránico».

Los aposentos de uno y otro extremo del patio de la Acequia y el mismo patio han soportado alteraciones de todo tipo, ya desde el mismo momento en que los Reyes Católicos se apoderan de Granada.

Jardines del Generalife.

Patio de la Acequia en el Generalife.

El **Generalife** es uno de los tres cármenes reales que ocupaban las laderas del cerro del Sol; los otros dos, el de **Daralharosa** o **Daralhorra** (casa de la Esposa o de la Novia) y el de los **Alixares,** el del romance («los otros, los Alijares / labrados a maravilla»), desaparecieron arrasados por la apatía.

Sobre el Generalife y en el cerro inmediato se advierte un fortísimo torreón, llamado ahora, como en lo antiguo, **castillo de Santa Helena** (o si lo prefieren, sin H, Elena), recentísimamente construido sobre los cimientos de lo que los granadinos hemos conocido siempre como **Silla del Moro.** Lo curioso es que la obra se ha hecho inspirándose en el torreón, ya entonces ruinoso, que figura en uno de los grabados de George Hoefnagel inserto en la obra *Civitates orbis terrarum.* De los tres perfiles de la ciudad, el firmado en 1564 es el que muestra mejor las ruinas de Santa Helena y el que ha servido de modelo a los constructores. Hay que reconocer que la panorámica ha mejorado notablemente.

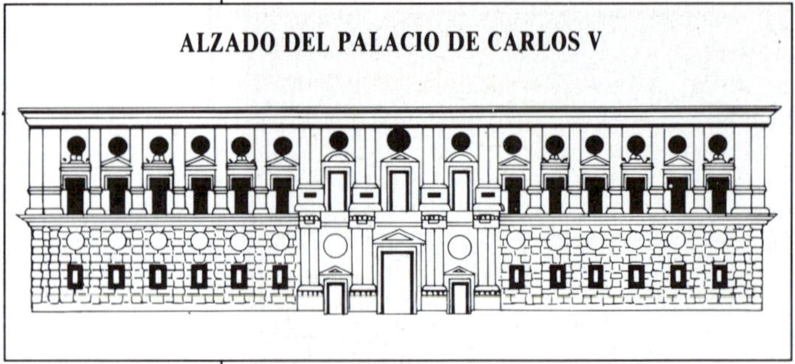

Palacio de Carlos V

Recinto de la Alhambra.
22 75 27.
2.
Horario de visita, de 9.30 a 17.30.
££

Antes de abandonar los palacios nazaritas, debemos visitar el edificio de Pedro Machuca, que tantas críticas ha soportado. Del **palacio de Carlos V** (el I) han dicho granadinos cualificados: «Bien pueden aprender los Estrangeros primores del Arte», Medina Conde (1764); «Elegantísima obra digna del espléndido nieto de la grande Isabel», Lafuente Alcántara (1843); «Suntuosa fábrica y gloria artística», Giménez Serrano (1846); «Maravilla de arte», Valladar siguiendo a Pérez Bayer (1890); «De lo más hermoso y perfecto en su género que tenemos en España», Gómez-Moreno (1892); Seco de Lucena (1907) le sopla elogios, pero también añade la siguiente frase: «Por su maciza construcción contrasta brutalmente con las delicadezas y primores que los árabes edificaron y produce un invencible sentimiento de

Patio del palacio de Carlos V.

Palacio de Carlos V.

antipatía y de protesta»; «Una de las más nobles creaciones de la arquitectura de pleno Renacimiento y tal vez la más hermosa que pueda hallarse fuera de Italia», Gallego Burín (1938-1946); «Monumento de extraordinaria importancia», Mariano Antequera (1950), y así tantos otros. Los contradictores, desde Amicis, que le llama «barraca», hasta Pi y Margall, que lo sentencia como «enorme masa de piedra», pasando por el caballero Irving, al que pareció más bien «una orgullosa intrusión».

Ah, ni Carlos I (el V) mandó destruir ningún edificio árabe para la construcción de su palacio, ni Pedro Machuca, discípulo de Rafael, utilizó otro solar que el de la rauda musulmana, es decir, el del cementerio real y sólo en parte.

En el palacio, terminado durante el régimen franquista, se hallan los **museos Hispano-Musulmán,** el **Arqueológico,** el **Provincial de Bellas Artes** y el **archivo y biblioteca de la Alhambra.**

ⓘ Museo Hispano-Musulmán.
☎ 22 62 79.

ⓘ Museo Arqueológico.
☎ 22 56 03.

ⓘ Museo de Bellas Artes.
☎ 22 48 43.

II. De la plaza del Carmen al Sacromonte

Como un favor, este itinerario podría denominarse la *grandeza mudéjar,* pero no participa en mayor medida de la condición, como le sucede al Albayzín o a otras zonas granadinas. Lo *mudéjar* vive aquí plenamente, acaso por la presencia de ejemplos definitivos: la iglesia de Santa Ana y su esplendorosa torre de ladrillo y los palacios y conventos de la margen derecha del Darro. Pero también podría definirse como periplo del Renacimiento, ya que acoge una formidable teoría de edificios de la época. O la ruta de los **nuevos ricos** ziríes, pues rehabilitaron la calle de una sola acera dotándola de **cármenes** magníficos en sus viviendas y placenteros en sus jardines, de ahí que le llamaran el barrio de la Alegría, o el camino de los gitanos, pues gran parte del recorrido fue habitación y tienda de las costumbres y oficios de los calés. O, si nos remontamos en el tiempo, la carrera de los romanos, ya que el itinerario actual casi coincide con la *Vía Acci,* el ramal o calzada secundaria que unía Guadix con el oeste de la Bética.

Este paseo resume, por supuesto, la gradación atípica granadina que va desde la reserva sabática de la plaza del Carmen, mentidero que fue de los judíos, a la fábrica de los libros plúmbeos, el Sacromonte, pasando, naturalmente, por los reductos urbanos que albergaban a los belicosos de la Churra, a los mercaderes de moneda de la placeta de la Concepción, a los buscadores de oro de las Chirimías, a los criadores de caracoles de la vereda de en Medio y a los hidráulicos del camino del Avellano. Todo ello según orden clásico de andar por Granada, el peripatetismo.

La plaza del Carmen

La **plaza del Carmen** es el meollo topográfico-administrativo de la ciudad. Equidista, bien que mal, de todos los confines urbanos y centrifuga, mal que bien, la doctrina municipal, pues funciona como atrio del Excelentísimo Ayuntamiento, cuya **Casa Consistorial** es reliquia del que fuera **convento de Carmelitas Calzados,** víctima de la desamortización. Fundado en 1552, el monasterio se comenzó a construir veinte años después y se terminó en 1627, disponiendo, además del templo, de dos patios. Uno con galerías de arcos apoyados en columnas dóricas, fechado en 1622, hoy claustro del

Niños en una ventana, en la carrera del Darro.

inmueble capitular, y otro, sin arcos ni columnas, actual plaza del Carmen. El edificio de la alcaldía apenas si guarda otro interés que los restos del antiguo museo Municipal, pinturas de finales del siglo pasado y comienzos de éste, aunque, eso sí, conserva el escudo de la ciudad, bordado de imaginería, que la reina Isabel la Católica regalara al Consejo en 1493, y el estandarte real, con el escudo de los Austrias, bordado en 1621. Merecen citarse, también, una copia de las Capitulaciones para la entrega de Granada; un ejemplar de las Ordenanzas de la ciudad, edición gótica de 1552, y numerosos documentos históricos, entre los que destacan: la carta de Al Mulik a Hernando de Zafra, sobre las capitulaciones; la colección de actas municipales desde 1497 y gran cantidad de papeles sobre los moriscos.

Corral del Carbón

c/ Mariana Pineda, 40.
22 45 56.
Todas las líneas.
Visita en horas de comercio.
Muestra y tienda de artesanía.
€€

A espaldas del Ayuntamiento, en la calle de Mariana de Pineda, se halla uno de los monumentos arábigos granadinos más importantes, el **corral del Carbón** o Alhóndiga Gidida, especie de fonda y almacén que utilizaban los musulmanes dedicados al trapicheo y el comercio. Consta de una portada y zaguán magníficos, labrados a fines del siglo XIII, y un patio rodeado de galerías y aposentos. Es el único edificio de tales características que se conserva en España. A través de los siglos ha servido para cualquier uso y abuso, desde que se subastara en 1531: depósito de carbón y hospedaje de piconeros; corral de comedias, en el que se representaron obras de Lope de Rueda; casa de vecinos, a partir del XVII, etcétera. Aunque se han realizado reformas después de la conquista, la estructura del edificio se mantiene íntegra.

Muy cerca, en la plaza de Tovar, se encuentra el **palacio de los Duques de Abrantes,** construcción del siglo XVI.

Calle de los Reyes Católicos

Desde el corral del Carbón se sale directamente a la **calle de los Reyes Católicos,** es decir, al techo del río Darro. Hasta comienzos del XIX, el Darro corría a cielo abierto desde la plaza Nueva, embovedada en tiempos de Juana la Loca, hasta su desembocadura en el Genil, por lindes del humilladero. El aspecto del canal,

DE LA PLAZA DEL CARMEN AL SACROMONTE
1. Plaza del Carmen.
2. Corral del Carbón.
3. Calle de los Reyes Católicos.
4. Plaza Nueva.
5. Chancillería.
6. Plaza e iglesia de Santa Ana.
7. Carrera del Darro.
8. Casa de los Pisa.
9. Baños árabes.
10. Casa de Castril o museo Arquelógico.
11. Iglesia de San Pedro.
12. Convento de San Bernardo.
13. Paseo de los Tristes.
14. Las Chirimías.
15. Cuesta del Chapiz.
16. El camino de la Zambra.
17. El monte Santo.
18. Palacio de los Córdoba.
C. de San Juan de los Reyes
Calderería Nueva
Calderería Vieja
C. de Elvira
C. Pavaneras
C. Santa Escolástica
Gran Vía de Colón
C. de San Matías
C. de San Jerónimo
Plaza de Bib - Rambla

Puerta del corral del Carbón.

al que llamaban la **Riberilla,** era sumamente pintoresco y ello se advierte en los grabados de la época. Entonces, el paso de acera a acera se efectuaba por cinco puentecillos, a la manera de los que permanecen en la carrera del Darro, cuyos nombres gremiales eran de **Alhahamín** o de los Barberos; **Hatabín** o de los Leñadores; **Alcarraquín** o de los Zapateros, conocido también por el de los Sastres; **Alcántara Gidida** del Carbón, que acabamos de cruzar, y **Aldabaguín** o del Álamo, también de los Curtidores, en la plaza del Carmen.

Pues bien, el señor conde de Montijo, siendo capitán general del Ejército, Reino y Costa de Granada en los inicios del XIX, decidió cubrir el río a su paso por el centro de la ciudad, pero el proyecto no se remató hasta 1884 y, desde entonces, pasear por la calle de los Reyes Católicos es caminar sobre las aguas, como san Pedro, sólo que éstas, cuando se les hinchan las madres por mor de riadas, vuelan el suelo y las viviendas colindantes. Hay unos versos, comodín en todas las guías granadinas, que sentencian: «Darro tiene prometido/ casarse con el Genil, / y le ha de llevar en dote/ plaza Nueva y Zacatín». Versos garantizados por

Monumento a Isabel la Católica.

las terribles crecidas de 1478, 1600, 1810, 1835, etcétera.

Desde hace unos años, la calle de los Reyes Católicos goza de un ensanche al que dicen **plaza de Isabel la Católica,** lugar presidido por el homenaje escultórico a Isabel de Castilla y se añade, para no hacer de menos al verdadero protagonista, «aceptando las proposiciones de Colón». El monumento es obra de Mariano Benlliure, realizado en Roma el año de 1892, para conmemorar el IV Centenario del Descubrimiento de América.

Plaza Nueva

Plaza Nueva, Reyes Católicos y Carrera del Darro.
2, 12.
Constituida sobre el río Darro.

Curiosamente, es la plaza más vieja o antigua de la ciudad. En principio fue un puente, **Alcántara Hatabín,** que acabamos de citar. Luego, dos puentes adosados, realización castellana con mano de obra árabe, la de Alí de Mediana (1499). De inmediato, cuatro puentes juntos (1506) y, a poco (1515), el embovedado del picapedrero Miguel Sánchez Toledo, es decir, una casi plaza Nueva, como la presente. En ella confluían y confluyen las vías trasegadoras más importantes: calle de Elvira, de antiquísimo topónimo y hervidero humano; los dos vomitorios del Albayzín (cuesta de San Gregorio y cuesta del Chapiz); las urgencias turístico-fúnebres de Gomeres (visita de los monumentos árabes de la Sabika o vacaciones definitivas en la Sacramental de San José); el enlace con el sureste ciudadano mediante la calle de la Colcha y la conexión con la modernidad por la brecha del Zacatín. En tiempos, plaza Nueva fue sede de gremios artesanos (silleros, cuchilleros, caldereros, almireceros, etcétera); banco de pruebas de toda clase de villanos, a cuenta de la **Real Chancillería,** cuya jurisdicción abarcaba los reinos de Granada y Murcia, Andalucía, provincias de La Mancha y Extremadura e islas Canarias, y lecho de dolor para toda clase de enfermos, a cuenta del **hospital Mayor de la Encarnación,** fundación del primer arzobispo granadino, fray Hernando de Talavera. Este edificio desapareció en las postrimerías del XVII.

Plaza Nueva.
2, 12.
Visita durante la mañana.
Entrada libre.

La Chancillería

Su construcción se dispuso en 1525 y comenzó a elevarse en 1530. El patio, de dos cuerpos, diseño posible de Diego de Siloé (hacia 1540) y la escalera (hacia 1578) son los elementos más destacables. De la escalera escribe Gallego Burín, historiador, «...su atrevida bóveda vuela sin más apoyo que el muro, enriqueciéndola e iluminándola dos ventanas cuyos frontones decoran águilas que sostienen el mundo y niños con emblemas de los Reyes Católicos y de los Austrias». Y añade: «El conjunto lo cierra un espléndido techo de artesones hexagonales, profusamente decorado, apoyado por un friso con adornos romanos y racimos de mocárabes en las pechinas». Al pie de la escalinata existe un cobertizo denominado **Cueva del Verdugo,** porque ahí esperaba el ejecutor de la justicia las órdenes del tribunal, «saliendo luego por la puerta que da a la calle de la Cárcel».

La fachada de la Chancillería es labor de Martín Díaz, cantero, y de Alfonso Hernández, escultor (hacia 1587), y se piensa que el visto bueno del proyecto lo firmó Juan de Herrera. Las opiniones críticas sobre la fachada son contradictorias. Lafuente Alcántara, historiador, asegura que «es elegantísima», mientras el citado Gallego Burín advierte la escasa armonía del conjunto. A Guzmán de Alfarache, o a Mateo Alemán es igual, le entusiasmaba. La vieja cárcel, también del XVI, que

Fachada de la Chancillería.

forma parte de la Chancillería, es bastante chapucera y así lo atestigua Lafuente Alcántara, pues Felipe II, «distraído con la obra de El Escorial, olvidó la construcción del palacio granadino».

En 1834, la Chancillería perdió su nombre y su jurisdicción anterior para tornarse en Audiencia Territorial de Málaga, Almería, Jaén y Granada. Actualmente es sede del Tribunal Superior de Justicia de la Comunidad Andaluza.

Santa Ana

La **plaza de Santa Ana,** al ladito, sirve de trastero automovilístico de la plaza Nueva, ingeniando un hermoso rincón donde se le pone bozal al Darro. Y justo ahí estuvo el **puente de los Barberos,** o de los Alhajames, pasarela que unía el barrio de la Almanzora, fundado por Badis ben Habús (1037-1073) al pie de la alcazaba Gidida, con la carrera del Darro. En el solar de la **Gima** (pequeña mezquita u oratorio árabe) **Almanzora,** erigida por Badis, consagrada por los cristianos

Plaza de Santa Ana.
12.
Visita en horario de culto.

en 1494 y elevada a parroquia en 1501, se construyó el **templo de Santa Ana,** según proyecto de Diego de Siloé, en 1537. La bellísima torre es obra de albañilería ejecutada por Juan de Castellar (1563). En el interior son de admirar las labores de carpintería de Manuel Valdés, Benito de Córdoba y Alonso Hernández de Barea (los últimos autores del alfarje mudéjar); de Martín Escobar (maestro de la armadura de lazo, en la que le ayudó Benito de Córdoba), y de las tallas de muebles, arcos de madera y urnas de José Salmerón y Esteban Sánchez. Santa Ana es la glorificación del ladrillo y del ensamblado en madera.

El templo guarda esculturas de José de Mora (*Dolorosa,* fechada en 1671; *San Juan de Dios,* de la misma fecha, y *San Pantaleón,* por encargo de la Congregación de Médicos y Cirujanos); de José Risueño (*Dolorosa y San Jerónimo,* procedentes de la iglesia de San Gil, demolida en 1869) y otra Virgen de los Dolores transformada en Virgen de la Esperanza por necesidades de cofradía en 1930. Son notables las pinturas de Pedro de Raxis (siglo XVI) y Pedro Atanasio Bocanegra (siglo XVII). En la sacristía se conservan tres cálices del siglo XVI; uno de Francisco Téllez, platero, de 1568, y dos de Cristóbal de Rivas.

En esta iglesia contrajo matrimonio Mariana de Pineda, «mártir por la libertad», y en ella está enterrado el negro Juan Latino, –así popularmente denominado– célebre humanista, catedrático de la Universidad, en compañía de su mujer, Ana de Carleval. También reposan en ella Francisco Bermúdez de Pedraza, autor de la *Historia Eclesiástica de Granada* (1639), entre otros libros, y el pintor y escultor José Risueño.

En ángulo con el templo se encuentra el **pilar del Toro,** que se llamó de los Almizcleros, labrado en piedra de Sierra Elvira, antes de 1559, por Diego de Siloé. Se trasladó a este lugar, desde su asentamiento original en la calle de Elvira, en 1941.

Carrera del Darro

A raíz de la plaza se inicia la **carrera del Darro.** Carrera, según la Real Academia Española, significa «calle que fue antes camino» y, efectivamente, éste era el camino que conducía a la puerta de Guadix. De la calle dice Henríquez de Jorquera (*Anales de Granada,* 1588-1646): «La famosa y fresca calle de Darro, de una hacera porque la otra es el pretil del Río, de que

Carrera del Darro.

gozan los que en ella havitan es un agradable y fresquísimo paseo en tardes y noches veraniegas». No así, añadimos nosotros, en tardes y noches invernizas. La vera efigie de esta calle, antigua y pintoresca, ha recorrido el mundo impresa en abanicos y en papel moneda, en tarjetas postales y azulejos de serie, en ceniceros y en botas de vino. Los dibujantes del XIX influidos por Roberts, los acuarelistas tocados por la astucia inglesa y los pintores amaestrados por Fortuny han repetido el paisaje ribereño tratando de rememorar una fluviovenecia de ladrillo, macetas de geranios, escombros y robustas casas del siglo XVI.

Casa de los Pisa

En la izquierda y a bocatúnel, cerrando el callejón de los Pisa, se halla la **casa de los Pisa,** en realidad de los señores García de Pisa, hoy propiedad de la Orden Hospitalaria. En el palacio, el 8 de marzo de 1550 murió Juan Ciudad Duarte, portugués, campesino, carcelero, soldado, pastor, albañil, vendedor de estampas

Cerca de la Plaza de Santa Ana.
12.
Visita con permiso especial.

y libros, loco de atar y formidable testigo de la caridad, por otro nombre san Juan de Dios. Aparte de ello, el edificio alberga un verdadero museo: esculturas de Pablo de Rojas, Pedro de Mena, Diego de Mora, José Risueño, y pinturas de Bocanegra, el italiano Maratta, Juan de Sevilla y un óleo atribuido a Zurbarán que representa la muerte de san Juan de Dios. Y la colección de tablas flamencas, entre las que descuellan el tríptico de J. van Cleve y la *Virgen de los pañales* de Gosart, obras del siglo XVI. Además del crucifijo tardogótico de Diego Aranda (1542) y el *Niño Jesús* de Martínez Montañés.

En la calle de Santa Inés, siempre a la izquierda, está la **casa de los Ágreda,** con portada herreriana, escalera con alfarje mudéjar, que se repite en la capilla (todo del siglo XVI) y un zaguán en el que descansaba san Juan de Dios de sus trabajos caritativos. Frente al palacio de los Ágreda, convertido en orfanato de niñas en 1940, está el **convento de Santa Inés,** de comienzos del XVI.

Baños árabes

A media carrera, en el quiebro del Bañuelo, hay una estación interesante para el curioso. A la derecha, sobre el río, se conserva parte del viaducto **Alcántar al Cadí** que enlazaba la Alhambra, por la puerta de las Armas, con el Albayzín. El puente lo mandó fabricar el cadí Ben Tauba (1055), durante el reinado de Badis, y se demolió en 1643. Resta, sin embargo, un pie del arco de herradura de la puerta que lo defendía, en el que se aprecian las dovelas rehundidas, de relieve, en la torre poligonal adosada a la muralla. Enfrente se encontraba la puerta de los Panaderos, o **Bib Adifat,** cuya torre servía de contrafuerte al puente del Cadí y de donde arrancaba la muralla de la Alcazaba Gidida, o Nueva, del Albayzín.

Carrera del Darro, 31.
12.
Visita durante todo el día.
€€

En la casa número 37 de la Acera (sólo hay una acera, ya se acuerdan) están los **baños árabes del Nogal,** construidos en el siglo XI y «son, sin duda» explica Gallego Burín, «de los más viejos, importantes y completos baños públicos árabes conservados en España y de las obras más antiguas de la Granada musulmana».

A los Reyes Católicos y sus consejeros los baños árabes les preocupaban especialmente y decidieron cerrarlos.

Los del Nogal, llamados en su tiempo Aamin al Geuza, se salvaron milagrosamente quizá por haber pertenecido desde la conquista a particulares, hasta 1918, en que se declararon monumento nacional.

Próximo se encuentra el **convento de Santa Catalina de Zafra,** fundado en el año 1520 por doña Leonor de Torres, viuda de Hernando de Zafra, secretario de los Reyes Católicos. El convento, entre sus dependencias, encierra una muy interesante **casa árabe completa,** con salas, galerías y patio de alberca. Las galerías, con columnas y capiteles cúbicos del estilo de los del patio de Mexuar en la Alhambra, conservan pasamanos de madera, acaso las únicas reliquias de carpintería musulmana que poseemos. La iglesia, que sufrió una quema en 1678, no alberga gran cosa. Hay imágenes de **José de Mora, Alonso de Mena** y de su hijo Pedro; una Virgen gótica encantadora de finales del XV. Aparte de las pinturas de Risueño, tiene, según Gallego Burín, uno de los mejores cuadros de Pedro Atanasio Bocanegra y «el más hermoso de color de entre sus cuadros», afirma Marino Antequera. Se refiere al *Matrimonio místico de Santa Catalina de Siena,* colocado sobre la reja del coro. La pila bautismal de la iglesia es la taza de una fuente árabe, donde el agua sensual e inquieta de los moros ha venido a ser agua remansada y bendita de los cristianos.

Fachada de la casa de Castril o museo Arqueológico.

Casa de Castril

Carrera del Darro, 41.
22 56 40.
12.
Mañanas, de 10 a 14; tardes, de 18 a 20.
Entrada libre al museo Arqueológico.
E

Junto al convento se halla la **casa de Castril,** también de Hernando de Zafra, al que los Reyes Católicos otorgaron el señorío del pueblo de Castril. La portada, de la que hemos oído *que es obra de orfebrería*, a un servidor no le entusiasma; pero escuchemos a los maestros. «Es la más suntuosa de Granada; se atribuye a Siloé, pero sin duda fue labrada por alguno de los buenos entalladores discípulos suyos, y en cuanto a su traza es indigna de aquel maestro, mereciendo bien pocos elogios», palabras de don Manuel Gómez-Moreno y González. Don Francisco de Paula Valladar, cronista que fue de Granada, escribe: «... cuya portada puede citarse como modelo de buen gusto». Y amplía más adelante: «La portada de la casa de Castril es de especial interés artístico. La composición es preciosa y la ejecución de los relieves delicadísima».

Museo Arqueológico

En la casa de Castril se instalaron en 1923, cuando la adquirió el Estado, los museos Arqueológico y Provincial de Bellas Artes. Este último se trasladó al palacio de Carlos V en 1958. El **museo Arqueológico** se formó entre 1869 y 1878 y adquirió carácter provincial en 1879. Muchas piezas importantes proceden de colecciones particulares, como las de Manuel de Góngora y Manuel Gómez-Moreno, y de excavaciones realizadas en Alhama, Guadix, Baza y Galera, para el arte prehistórico; de yacimientos de Pinos Puente, Alhama, Galera, etcétera, para el arte ibérico; de arte romano, las procedentes de Medina Elvira, Pinos Puente, Illora, Guadix, Albayzín, etcétera; de arte visigótico, las de Atarfe, Gabia la Grande, entre otras; de arte árabe, infinidad y muy buenas piezas de Granada, Medina Elvira, Almería, Alpujarras, etcétera; de arte morisco, ...

San Pedro

Carrera del Darro.
22 32 33.
12.
Visita en horas de culto.
E

Frente al museo Arqueológico se halla la **iglesia de San Pedro.** Como Santa Ana y Nuestra Señora de las Angustias, es templo ribereño con claustro abierto sobre el río y frente al socavón del Cubo de la Alhambra. Este claustro, compás o terraza, que da media verónica al Darro, fue patio de la gima Al Geuza y la iglesia

Iglesia de San Pedro.

se elevó sobre el solar de la mezquita en 1567, donde ya hubo otra iglesia menos aparente desde 1501, año en que se erigió en parroquia. El proyecto es de Juan de Maeda, pero la obra pertenece al albañil Pedro Solís. Lo más destacable del templo son los extraordinarios artesonados mudéjares de la nave central, del crucero y de la capilla Mayor, así como la techumbre renacentista de la primera capilla, a la izquierda, todos ellos realizados por Juan Vílchez que, como apuntaba don Manuel Garrido (1858) «son labores de grande mérito».

Una peculiaridad de las iglesias granadinas, aparte de su aire mudéjar o de tabicón, que las define, es la de que los auténticos artistas que las levantan y las rematan son artesanos. Maestros de la rasilla, de la madera, del hierro, del barro cocido, de la escayola y de todos cuantos materiales de segundo género existen sobre el haz de la arquitectura.

Aquí, en la iglesia de San Pedro, sobresalen las forjas de Aguilar, las citadas carpinterías de Vílchez, los adobos de Vallejo y el labrado en piedra de Lizana. San Pedro y San Pablo guarda pinturas de Niño de Guevara, Juan de Sevilla y José Risueño, todas dudosas, y esculturas de José de Mora, Pablo de Rojas, Pedro de Mena y otros.

Convento de San Bernardo

Carrera del Darro, 45.
12.
Para poder visitarlo hay que pedir permiso particular.
Fundado por las hijas del escultor Pedro de Mena.

El **convento de San Bernardo,** que está allí al lado, es obra reciente, y fuera de esculturas de Pedro de Mena, lo curioso es cuanto atañe a este formidable artista. Habiendo sido antes un beaterio, en 1683 pasa a la Orden del Císter y llegan de Málaga, para fundarlo, las madres Antonia de San Bernardo, Andrea María de la Encarnación y Claudia Juana de la Asunción, las dos últimas, hijas de Pedro de Mena, a las que se sumó una tercera hija, María Teresa de la Madre de Dios, en 1684. Dicen que las monjas conservaban una rama de árbol que san Juan de la Cruz utilizó como bastón.

En las callejuelas y cobertizos de la izquierda hay numerosas viviendas que mantienen restos y trazas **moriscas.** En la de la Gloria, que más semeja la boca del infierno, la casa número 11 es de fábrica árabe; en Horno del Oro, la número 14, también genuina, aunque muy restaurada; la número 9 de la cuesta de la Victoria, aunque reparada torpemente, es la más completa, y otras de menos interés.

Paseo de los Tristes

A la altura de la calle del Monte de Piedad, porque en ella estuvo dicho monte de 1741 a 1864, comienza el **paseo del padre Manjón,** al que todo el mundo conoce como **paseo de los Tristes.**

En las guías de Granada, y son abundantes, figura siempre como de los Tristes, unos dicen que por ser el lugar donde se despedían los entierros, lo que sucedió hasta 1950; otros, enlazan el nombre a leyendas del siglo XVIII. Don Andrés Manjón, burgalés, fue catedrático de Universidad, canónigo del Sacromonte y pedagogo fundador de las Escuelas del Ave María, institución con denominación de origen granadina.

Las Chirimías

En el comienzo del paseo y a la derecha existe el **puentecillo de las Chirimías** o Alcántara Aben Rasik. «En este año se hiso y acabó (1609) en la ciudad de Granada la carrera de la puerta de Guadix de los propios y rentas de la ciudad, donde se hiso un mirador de chirimías y trompetas; hísose asimesmo una grandiosa fuente sobre las riberas del río Darro con sus asientos a la redonda», nos cuenta Jorquera (siglo XVI). El balcón para las músicas aún existe, restaurado con acierto, y la grandiosa fuente, que no lo es tanto.

Cuesta del Chapiz

La **cuesta del Chapiz,** llamada en su tiempo Alacaba Rabad Albaida o cuesta del Barrio Blanco, es una de las entradas rodadas del Albayzín, pues la otra corresponde a la carretera de Murcia. A poco y a mano derecha se encuentra la **Casa Matriz de las Escuelas del Ave María** y huerta fundacional del padre Manjón. Vecina de los cármenes escolares se halla la **casa del Chapiz,** mezcla de dos edificios arábigo-castellanos que pertenecieron a los cristianos nuevos Hernán López el Ferí y a su cuñado Lorenzo el Chapiz, a quienes se les expropiaron durante la rebelión de 1568, adjudicándoselas a Juan Vázquez de Salazar en 1583. Estas casas moriscas son ejemplares típicos de la arquitectura nacida con la ocupación cristiana, hermanando signos de dos culturas absolutamente dispares. Rescatadas por

Cuesta del Chapiz.
☎ 22 22 90.
12.
Visita en horas de trabajo de la Escuela de Estudios Árabes.
Entrada libre.

Paseo de los Tristes.

el Estado y restauradas por Torres Balbás, se instaló en ellas la **Escuela de Estudios árabes de Granada,** según decreto ley del 27 de enero de 1932. Su finalidad era la enseñanza de la lengua y la cultura árabes. «Las partes más importantes artísticamente son los dos patios, el gran salón destinado a biblioteca y la huerta, dividida en paratas y con dos espaciosas albercas, desde donde se disfruta de una de las más bellas vistas sobre la Alhambra», resume don Alfonso Gámir, que fue secretario de la Escuela.

La casa del Chapiz hace esquina con el inicio del camino del Sacromonte. El irregular cruce de caminos se llama **placeta del Peso de la Harina,** curioso nombre que se explica porque en ella estuvo el fiel de ese control en el siglo XVII; en uno de sus ángulos, que desemboca en el carril de San Agustín, se halla uno de los contrafuertes de la desaparecida Bib Adam, la **puerta del Osario.**

El camino de la Zambra

El **camino del Sacromonte** corresponde a la vieja ruta de Guadix que, a su vez, fue calzada romana. Valparaíso y sus laderas, una de las cuales abarca la senda de Guadix, han albergado desde tiempos remotísimos una población troglodita curiosísima, ya que el realquiler de las cuevas se produjo siempre por *manu militari;* es decir, los inquilinos anteriores cedían sus ha-

Cuadro típico en una de las cuevas del Sacromonte.

Cuevas del Sacromonte, zambras.

bitaciones a los nuevos siempre por la fuerza. De ahí que los gitanos ocuparan los desalojos moriscos.

El **camino del Sacromonte,** que conduce naturalmente al Sacromonte, es la acera izquierda de la entelequia flamenca. Yo no sé si alguna vez, cuando aún no existían los *pullmans tour* y cuando mandaba la zambra gitana del capitán Amaya, el baile y el cante de las cuevas eran verdaderamente genuinos. Es posible. Ya quedan pocas cuevas dedicadas a la zambra, baile teóricamente árabe. En estos días, el Ayuntamiento pretende rehabilitar la vida tradicional del camino.

El Monte Santo

Al pie de las siete cuestas y al final del vía crucis que jalona con sus símbolos el recorrido del camino del Sacromonte –por cierto, la mayoría de las cruces andan desmochadas, escondidas o perdidas–, al final de este calvario se encuentra la **ermita del Santo Sepulcro,** templo construido en el siglo XVII. En la escalinata, ante la puerta de la ermita, existe una gran cruz de piedra con la efigie de Cristo exenta, centrando un rincón netamente andaluz que hace cien años sirvió de modelo a los paisajistas locales. Desde este eremitorio a la colegiata del Monte todavía hacen guardia fervorosa varias cruces más, monumentales, alzadas en el año 1595 por el gremio de los sederos, de los canteros y de los ganapanes. Esta última en su pedestal tiene

Camino del Sacromonte.

Para la visita se requiere un permiso especial.

grabados los siguientes versos: «Los ganapanes por fuero / dieron esta cruz bendita / siendo reina Margarita / y rey Phelipo tercero», y en otra cara: «Los ganapanes en dones / dieron al Monte Sagrado / esta Cruz, siendo prelado / Don Pedro Castro y Quiñones».

Se escalan **siete revueltas,** que dicen en Granada, sombreadas por eucaliptos, y la **abadía del Monte.** Existe una subida propia para vehículos automóviles, no se preocupen. Bien, la **colegiata de San Cecilio** y el **colegio de San Dionisio Areopagita,** fundados por el arzobispo don Pedro de Castro Cabeza de Vaca y Quiñones, se deben a una de las mayores falsificaciones que se dieran jamás en la historia de la Iglesia.

En febrero de 1595, unos buscadores de tesoros árabes encuentran en Valparaíso una lámina de plomo con extrañas grafías. A poco surgen más láminas y cenizas y huesos, incluso hornos para sacrificios. Estas planchas de plomo, unas sueltas y otras agrupadas, son los famosísimos *libros plúmbeos* en los que se cuenta el martirio, durante el reinado de Nerón, de los santos Cecilio, Tesifón, Hiscio, Mesitón, Lupario, Panucio, etcétera, inmolados en el lugar. Los granadinos se enfervorecen con los hallazgos y organizan grandes fiestas y peregrinaciones en honor de los mártires, pero el más entusiasmado es el arzobispo Castro, quien decide consagrar el monte y elevar un monumento a la memoria de los *santos mártires.* Entonces se destapa el escándalo del siglo, que duró doscientos años, pues luego de consultas, certificaciones, sentencias y chantajes varios, el arzobispo Castro obtiene calificación de autenticidad para la láminas y las reliquias en 1600. Pero la polémica y el entredicho continúan hasta que el papa Inocencio XI condena los libros plúmbeos como *puras ficciones humanas, fabricadas para ruina de la fe católica,* aunque acepta como auténticas las reliquias halladas junto a los libros de plomo y aprueba su veneración. Parece que los promotores de la estafa fueron los moriscos Miguel de Luna y Alonso del Castillo, ambos intérpretes del rey Felipe II. El maravilloso artificio en favor de los moriscos, que esperaban el desahucio definitivo del solar hispánico, trajo de coronilla a los exégetas y teólogos del siglo XVII. El resultado fue un nuevo patrón para Granada, san Cecilio, y la formidable colegiata del Sacro Monte.

La fundación es muy rica en obras de arte, tanto es así que en 1928 se creó un **museo** para reunir lo disperso en las dependencias de la abadía. Hay pinturas

Santas cuevas del Sacromonte.

de Gerard David, de Raxis el Viejo, de Sánchez Cotán, de Niño de Guevara, de Juan de Sevilla, de Lucas Jordán, de Vicente López y otros; y esculturas de Alonso de Mena, de Duque Cornejo, de Cristóbal de Andino, de Ruiz del Peral.

Fuera del museo quedan otras obras importantes, como los cuadros de Herrera el Viejo, de Risueño e, incluso, un retrato atribuido a Goya. También es muy importante la biblioteca y los ejemplares exhibidos en el museo, con numerosos incunables, códices (uno de ellos, dice Gallego Burín, anotado por san Juan de la Cruz), libros miniados y manuscritos árabes «de inapreciable valor, por lo variado y selecto de sus materias, el rango científico de sus autores, como Averroes, Maimónides, Tolomeo, la rareza bibliográfica de varios, como el de las *Generalidades sobre la Medicina,* de Averroes, del que sólo existe otro códice en Leningrado, o *El Suficiente,* de Abenmogueites el Toledano y, en fin, por su interés paleográfico, pues todos están escritos en caracteres magrebíes y fechados (siglos XI al XIV)». En la iglesia se encuentran igualmente excelentes obras artísticas de autores como Alonso Cano, Bocanegra, Rojas y Risueño.

Y las **Santas Cuevas,** una de las cuales contiene un horno donde se asegura que quemaron a san Cecilio y compañeros mártires y otra una gran piedra que posee la virtud, como la campana de la Vela, de propiciar novio antes de un año a la chica que la bese.

III. De la plaza Nueva al Albayzín

Desde hace siglos sabemos que el Albayzín es **algo aparte.** Y, por lo mismo, conocemos los límites cabales del arrabal. Sin embargo, para los escritores árabes el Albayzín era la «ciudad» a extramuros que «no se veía desde la Alhambra»; hasta que llega el egipcio Al Abasit y rompe el esquema asegurando que es «la ciudad que hay en lo alto del monte situado frente a la Alhambra». Los Reyes Católicos, al fin, confirman lo de *algo aparte* en las capitulaciones para la entrega del Reino Nazarí, especificando que reciben, entre otras poblaciones, «la cibdat de Granada y el Albayzín». Este barrio, en las crónicas cristianas y en papeleos oficiales de toda índole, concuerda exactamente con el actual, con el que recorremos en el itinerario.

La toponimia dicen que deriva de *al Bayyasin,* los de Baeza, por los que vinieron de la ciudad jienense al rendirla Fernando el Santo y se asentaron en la colina de los iberos. Otros opinan que se debe al vocablo árabe *al Bayyazin,* con zeta, que significa de «los halconeros», seguramente por su altura y porque entre sus pobladores se practicaba la cetrería. Al Jathib, historiador y príncipe de los ingenios muslímicos granadinos (siglo XIV), indica que *al Bayyazin* corresponde a «en cuesta, en pendiente», con lo que *rabad al Bayyazin* sería «barrio en cuesta» lo que se conforma con la vieja etimología *elibyrga,* pues en ibero *eli, ili* vale por «ladera, escarpa», y *byrga* por «caserío, poblado», es decir, «población en la ladera».

Este paseo recorre, pues, la Granada de siempre, la arcaica Ilbyr, la histórica Illiberry, la romana Florencia Iliberitana, la Elvira de los sirios y el Albayzín de los nazaríes y de los cristianos. Y trata de compendiar la abrumadora pluralidad urbana y la singularidad humana de un barrio mundialmente conocido.

La calle de Elvira

La **calle de Elvira** se inicia en plaza Nueva, que ya conocemos, y en un nudo irregular de plazoletas y travesías que durante los siglos XVII y XVIII fueron la puerta comercial del Zacatín. Los nombres de esas costanillas y pasajes conservan el recuerdo de diversos gremios artesanos. Pero este dédalo urbano albergó, también, la poderosa industria tipográfica de la Granada del XVII e, incluso, a los más afamados artistas de la

Caldrería Nueva.

18
17
C. de San Luis
Carretera
de Murcia
San Gregorio Alto
16
Plaza
Aliat
15
C. Pagés
C. Panaderos
11
10
21
13
12
8
20
Cuesta M
Camino de San Antonio
Murallas
Nazaríes
Cuesta de la Alhacaba
14
C. Pilar Se
27
9
26
25
7
6
Carril de la Lona
C. Real de Cartuja
C. del Zenete
5
4
Paseo del Triunfo
Tinajilla
3
Avda. del Hospicio

DE LA PLAZA NUEVA
AL ALBAYZÍN
1. La calle de Cetti Meriem.
2. Caldererías.
3. Iglesia de Santiago.
4. Puerta de Elvira.
5. Acera de San Ildefonso.
6. Convento de la Merced.
7. Iglesia de San Ildefonso.
8. Cuesta de la Alhacaba.
9. Murallas y puerta de Monaita.
10. Plaza Larga.
11. Calle del Agua.
12. Baños árabes.
13. Iglesia de San Bartolomé.
14. Mirador e iglesia de San Cristóbal.
15. Carmen de los Mascarones.
16. Carmen de la Tres Estrellas.
17. La Cruz de Piedra.
18. Puerta de Fajalauza.
19. Iglesia de El Salvador (antigua mezquita Mayor).
20. Puerta o arco de las Pesas.
21. Hizna Román.
22. Iglesia y balcón de San Nicolás.
23. San Juan de los Reyes Magos o mezquita de los Conversos.
24. Mezquita de los Morabitos o iglesia de San José.
25. Iglesia de San Miguel Bajo.
26. Palacio de Dic Reh.
27. Palacio de Dar al Horra y convento de Santa Isabel la Real.
Cuesta del Chapiz
Veredillas de San Agustín
ALBAYZÍN
19
22
23
C. de Guinea
C. Aljibe de Trillo
San Juan
Miel
miel
24
Carrera del Darro
Cuesta de Gomérez
2
C. de Elvira
1

época: pintores, escultores y retablistas, quienes tuvieron sus talleres en torno al hospital del Corpus Christi.

El **hospital del Corpus Christi,** fundación de una hermandad nacida en Santa Fe durante el cerco que pusieron a Granada los Reyes Católicos (1491), vino a tornarse con el tiempo en convento de Agustinos Calzados, y su iglesia, en la de los Hospitalicos, como se conoce hoy. La portada del templo es de Alonso Cano. Esta iglesia, debido precisamente a los numerosos talleres de artistas que hubo en su entorno, poseyó un riquísimo conjunto de obras de arte, desaparecidas con la desamortización. Enfrente estuvo el **hospital de la Caridad** y **del Refugio,** demolido en 1915, por lo que a esta zona de la calle de Elvira se le llamaba de los hospitales. Aquí se alzó hasta 1869, justo en la esquina con plaza Nueva, la **iglesia de San Gil,** arrasada durante la revolución y a la que vino a sustituir el **café de España,** foro alucinante de gentes atípicas.

La calle de Cetti Meriem

A la izquierda, la **calle de Cetti Meriem,** llamada así porque allí existió hasta comienzos de este siglo el **palacio de Cetti Meriem** o de los Infantes de Almería, obra del siglo XV desmantelada para abrir la **Gran Vía de Colón,** esa absurda avenida que no conduce a ningún sitio sino al estreñimiento automovilístico actual y al farde estúpido de muchos nuevos ricos, hijos del *boom* de la remolacha, hace cien años. Lo que se pudo salvar del palacio de Cetti Meriem se halla en los museos Arqueológico y de la Alhambra.

Junto a los Hospitalicos se topa el visitante con uno de los rincones más castizos y vitales de Granada, el inicio de la Calderería Nueva, carril importante del peatonaje entre el Albayzín y el centro. La cuesta de la Calderería Nueva resume el tránsito de María la Miel, del Aljibe de Trillo e, incluso, de San Juan de los Reyes, los tres canales más animados del barrio. En lo que es **Calderería Nueva,** con fin en la placeta de San Gregorio y conexión con Calderería Vieja, se monta cada mañana un **mercadillo** la mar de interesante, acogido a las numerosas y variadas tiendas, tenderetes y baratillos en los que no existe discriminación alguna entre mercancías y mercaderes, pues junto a productos del plástico o del esparto se muestran carnes, pescados y verduras, y junto a ropavejeros calés y vendedores payos gritan munícipes alcabaleros y feriantes del timo.

El Albayzín desde la Alhambra.

Además, claro, la presencia reciente de los musulmanes españoles con sus teterías, pastelerías y productos cerámicos.

Toda la banda derecha de la calle Elvira, en este tramo, que aprovecha el repechón del Zenete, es una maraña de callejones y cobertizos que suben directamente a la cuesta de Marañas, y perdón por el eco. Corresponde al laberinto sombrío de la que fue zona más poblada de Granada hasta no hace mucho y, por lo mismo, mantuvo un carácter clásico medieval en el que alternan los caserones de abolengo con los grandes patios de vecinos, dos tipos de vivienda en total crisis y veloz derribo. Claros ejemplos son las calles de Rueda Bolas, del Cobertizo de Gadeo, de la Casa de Paso, etcétera.

Santiago

En la calle de Falces está la **iglesia de Santiago,** construida donde la gima Darax. Sufrió muchos cambios a lo largo del tiempo: su primera obra es de 1525 y su última de 1885, pero no todas las reformas se debieron a la manía chapucera, sino a imperativos del terremoto, el cual acabó con la torre y parte del templo. Conserva el arco total cuyos capiteles son cabezas de santos labradas por Juan Ruiz (1548) y el artesonado

➔ c/ Arteaga, junto a la Gran Vía.

🚌 1, 3, 4, 6, 7, 9, 11, 16.

ⓘ Construida en el solar de la mezquita; fue templo de autos de fe de la Inquisición.

mudéjar de la capilla Mayor realizado por Martín de Escobar y maese Miguel. El tabernáculo se atribuye al enrevesado especialista del barroco Francisco Hurtado Izquierdo.

En Santiago hay obras de José de Cieza, de Bocanegra y otros, y pinturas alemanas del XV. En ella está enterrado Diego de Siloé y en ella fue bautizado Pedro de Mena. «En esta parroquia», dice Gallego Burín, «celebraba sus fiestas religiosas y autos de fe no generales el Tribunal de la Inquisición y en ella se colgaban los sambenitos de los penitenciados, que antes se hallaban en la catedral». No en vano la casa de la Inquisición estaba frente a donde ahora los Jesuitas, y perdón por el modo de señalar.

Aparte algún callejón sin salida, como el postigo de la Cuna, en la calle de Azacayas, preciosa toponimia que significa ramal de agua en román granadino (del árabe *as' saqaya,* la reguera), nada hay digno de mención hasta la **iglesia de San Andrés**, y ésta, la pobre, poco puede ofrecer, a no ser la torre mudéjar del albañil Alejo Sánchez. Se estableció como parroquia en 1521 y se terminó a mediados del siglo. La riqueza del templo la devoró el incendio de 1818.

Puerta de Elvira

De San Andrés al **arco de Elvira** la calle vuelve a tomar impulso y se convierte nuevamente en hervidero de gentes. Los almacenes humanos de la **placeta de los Naranjos** y del **molino de la Corteza,** con todos sus intríngulis del corral del Pollo, de Santillana, Loarte, Serrano Tello, etcétera, engendran en torno al arco de Elvira y al pilar del mismo nombre un aire de tarea asombroso, cuando en realidad es puro aparato vecinal, como comparsas sin demasiada ocupación. Todo ese mundo pintoresco y bullicioso gira en derredor de la **puerta de Elvira,** *Bib Elvira,* la que «por su importancia y dimensiones», dice Gallego Burín, «era la principal de la ciudad y una de las más antiguas, pues ya en el siglo IX la cita Ahmed Ben Ira, debiendo corresponder la parte conservada de ella al siglo XI». Don Manuel Gómez-Moreno y González la describe así (1892): «Era la más notable y grande de la ciudad, pero de ella solamente queda el gigantesco arco de herradura exterior, abierto entre torreones de argamasa, el cual dejaba tras de sí un espacio descubierto para defensa; lo restante fue derribado por el gobierno napoleónico, pero

➔ Puerta de la Tinajilla.
Bus: 4, 6, 8 y 9.
€€

Puerta de Elvira.

ya antes había sufrido muchos reparos y mutilaciones». Esta puerta ha dado paso a los más espectaculares acontecimientos históricos del Reino de Granada y también a algunos de índole nacional e internacional. Por ella entró Mohamad aben Alhamar (1238) para ocupar el palacio del Gallo del Viento, fundar el reino nazarí y soñar la Alhambra. Por ella salió el mismo Alhamar (1273) a encontrar la muerte en la vega granadina. Por ella marcharon a recobrar Jaén el rey de Granada y su tío Reduán (1407), que recoge el romance: «Reduán pide mil hombres, / el rey cinco mil le daba. / Por esa puerta de Elvira / sale muy gran cabalgada». Y en ella se desesperaba Muley Hazem (1482) por la pérdida de Alhama: «Paseábase el rey moro por la ciudad de Granada / desde la puerta de Elvira / hasta la de Vivarramba / ¡Ay de mi Alhama!» Por ella entraron solemnemente los Reyes Católicos el 6 de enero de 1492, festividad de los Reyes Magos, cambiando la media luna por la cruz. Por ella salió don Cristóbal Colón, con las capitulaciones bajo el brazo, para descubrir un nuevo mundo sin saberlo. Por ella salieron las definitivas disposiciones para la expulsión de los judíos de España, capitulaciones firmadas justamente en Garnatha Alyehud, la más antigua población judía del país. Por ella entró y en ella instaló un quiosco de pedir el gran santo de los locos, Juan de Dios. Por ella salió, y a su vera la ajusticiaron, Mariana Pineda.

En las estribaciones del arco de Elvira existe una **capillita** que recuerda el quiosco de libros instalado por san Juan de Dios (acabamos de aludirle), con cuyas ventas socorría a los necesitados y de paso hacía apostolado.

Aunque aquí torcemos y enfilamos la cuesta de la Cuesta, me voy a permitir el lujo de una excursión facultativa a la acera de San Ildefonso.

Acera de San Ildefonso

Acera de San Ildefonso.
7.
Sólo interesan los restos del templo. Actual cuartel de Infantería.

El cuartel de Infantería corresponde al viejo **convento de la Merced Calzada,** fundado por los Reyes Católicos en 1492, para la redención de cautivos. El templo se construyó en 1525, hoy destinado a dormitorios de la clase de tropa, y posee formidables artesonados, uno de ellos, el de la capilla Mayor, mudéjar de interesante traza; el convento se hizo a principios del XVII, del que hemos de destacar un gran patio con arcos apoyados en columnas de mármol. La portada fue desmontada en 1860 y la torre algo antes, cuando la desamortización.

Algo más allá y lindándole está la **parroquial de San Ildefonso,** erigida en 1501, construida sobre la base de la mezquita de Rabad Asif y junto al aljibe de dicha mezquita. Era la última de las iglesias del Albayzín y la de más extensa feligresía. Se comenzó a levantar el edificio en 1553, por mano albañilera de Cristóbal Barreda, y la portada, diseñada por Diego de Siloé, se hizo simultáneamente por Juan de Alcántara. El templo consta de una sola nave, con armadura de

El Albayzín desde la Cuesta de los Chinos.

lazo mudéjar, y el de la capilla Mayor, octogonal, empezados por el carpintero Martín de Escobar y terminados por Francisco Izquierdo, artista de la madera, morisco y antepasado del que esto escribe. El retablo enorme del altar Mayor, barroco y ejemplar en su género, contiene esculturas de José Risueño. La de San Ildefonso y la de San Bartolomé, del XVI, son magníficas y están preciosamente estofadas.

En la iglesia se contienen importantes obras de Miguel Cano, de García Corrales, de Esteban Sánchez (1558), de Bernabé de Gaviria, de Diego de Mora y de Alonso Cano.

Volvemos a la Tinajilla y emprendemos la ascensión de la Alacaba, la cuesta de la cuesta en traducción literal.

Cuesta de la Cuesta

➔ Alacaba, desde la Plaza del Triunfo.

€€

La Cuesta sigue sencillamente el vado que separaba las murallas de la Alcazaba Cadima del monte de la Xarea, lugar en el que acampó el hijo de Martínez para poner cerco al viejo alcázar de los ziríes; de ahí que el sitio se conozca también por Cudiat Ben Mardánix. Las murallas que citamos son, posiblemente, los vestigios más antiguos con que cuenta Granada. Las levantó Ased Ben Abderrahman el Xeibani en los inicios del siglo VIII y casi con toda seguridad sobre los cimientos de fortalezas fenicias, después romanas, rehechas y ampliadas en el siglo IX.

Al fin de la cuesta de la Alacaba, la **plaza Larga,** el corazón del Albayzín.

Barrio Morisco.

7, 12, F.

El Albayzín

El Albayzín es la otra Granada. Según Al Umarí, poseía mezquita Mayor, administración autónoma y jueces magistrados distintos de los de Granada. El Albayzín de las crónicas cristianas y papeleos oficiales concuerda exactamente con el actual, al menos en cuanto a solar. Fue un barrio de aluvión que obligó a levantar la tercera cerca de murallas a mediados del siglo XIV.

Que tuvo la mayor importancia entre los arrabales granadinos es evidente; baste el dato de sus 26 mezquitas, 12 de las cuales se consagraron y se erigieron en parroquias por los cristianos. Al tiempo de la entrega de Granada, el Albayzín tenía unos 12.000 vecinos (Núñez Muley dice que en cada casa, por término medio, había tres mujeres), es decir, alrededor de los 60.000 individuos; noticia que encarece su entidad.

Es más, en la separación de las dos poblaciones, cristiana y mora, llevada a cabo en 1498 y en la que intervino por parte árabe Mohammed el Pequení, pasaron al arrabal unos 500 mercaderes, tratantes y oficiales de carpintería y albañilería, y alrededor de 400 labradores, a los que se les dieron casas a cambio de las que dejaban en la ciudad de los cristianos. Esta medida racista hizo que el Albayzín se convirtiera en un verdadero gueto y, por ende, en un polvorín que no tardaría en producir el primer levantamiento morisco. Durante el reinado de Felipe II, según cálculos de recaudación y hacienda, los residentes habían decrecido notablemente, señalándose cifras que oscilaban entre los 25.000 y los 30.000, las cuales, a principios del XVII se reducen impresionantemente, siendo el total de los habitantes unos 6.000, todos ellos muy pobres. La gran decadencia del barrio ocurre al inicio del XIX, pero a mediados se estabiliza y con pequeños altibajos llega a nuestros días. En su abandono han intervenido, a más de las presiones políticas y religiosas, el deterioro de la industria de la seda, la merma de rentabilidad de los oficios artesanos y una emigración a los bajos de la ciudad.

El Carmen

El término árabe *carm* equivale a huerto, aunque erosionado en su intención primera se ha convertido en sinónimo de casa-jardín. Aben Luyún, en el siglo XIII, nos explica detalladamente cómo ha de construirse: «En el lugar más elevado se levantará la vi-

La Alhambra desde el Albayzín.

vienda, de modo que sea más eficaz la vigilancia y guarda. La orientación será a mediodía, eligiendo un sitio alto para la alberca y el pozo, aunque mejor que el pozo debe construirse una acequia que corra entre la umbría de los vegetales. Cerca deben plantarse macizos que estén siempre verdes, de todas las plantas que alegran la vista, y algo más apartadas, distintas variedades de flores y árboles de hoja perenne.

Se debe rodear la finca de viñas y en el centro que haya un emparrado para cubrir los paseos cercados por arriates de arrayán. En el medio habrá un pabellón donde poder reposar tranquilamente bajo la presencia de rosales trepadores y con vistas por todos los lados, de manera que el que llegue no oiga lo que se habla de él y tampoco pueda aproximarse sin ser advertido desde dentro. El jardín debe ser más largo que ancho, para que no canse su contemplación. En la parte baja se construirá una habitación para los huéspedes y amigos, con puerta independiente y con alberca tapada por árboles para ocultarla a miradas ajenas. Conviene, además, que tenga palomar o una torrecilla habitable». Pues bien, los cármenes actuales siguen el esquema tal como lo planteaba Aben Luyún hace siete siglos.

Si usted quiere conocer cómo es un carmen, naturalmente no le voy a recomendar el Generalife, ni siquiera la casa del Chapiz, dos prototipos magníficos pero contaminados por la historia y la arquitectura oficial; tampoco le voy a sugerir el de los Rodríguez Acosta, ni el de los Mártires, sencillamente le aconsejo que entre por la primera cancela que dé a un jardín y curiosee.

Carmen de Rodríguez-Acosta.

Plaza Larga

Albayzín Alto.
12.
ℰ

Pero volvamos a nuestro paseo, y estamos en la **plaza Larga.** El curioso visitante descubrirá enseguida que de Larga no es gran cosa, ni siquiera como plaza, aunque ha sido la principal desde la Reconquista, llamándose indistintamente del Albayzín y de Almujara, aunque lo de Larga le viene de antiguo y ya Francisco Henríquez de Jorquera escribe: «Llamóse **larga** porque en las dos de sus calles a que ella da principio se vende avastadamente todo el mantenimiento para todo el Albayzín, como otra Ciudad separada, como el pan, carne, vino y pescado y los demás hasta las frutas que son las mejores por la cercanía que tiene a las huertas del Fargue y cármenes de Ynadamar». Efectivamente, la plaza Larga es el eje de los cuatro caminos importantes del barrio: **la Alacaba,** por donde acabamos de entrar; la inmediata a ella y castiza **calle del Agua,** que enlazaba y enlaza el núcleo norte de la zona, aquel teórico Albayzín de los baecenses; la prolongación de **Panaderos,** pasillo de la entrada este al arrabal por la cuesta del Chapiz, y la **puerta Nueva,** que da salida a la placeta de las Minas y, como una tolva, descarga el personal directamente en Granada a través de María la Miel. El bullicio de plaza Larga se debe a aquel principio de Jorquera de «se vende avastadamente todo el mantenimiento», pues el espacio urbano sigue como mercado informal de cuanto necesita el Albayzín.

Calle del Agua en el Albayzín.

Calle del Agua

La **calle del Agua,** inmediatamente a la izquierda, con canalillo en el centro y balconada en la acera de la izquierda, que realmente son ajimeces cegados a la castellana, se llama así por los **baños árabes** que existieron en ella, los mayores que hubo en Granada y cuya edificación se calcula en el inicio del siglo XIII.

Gallego Burín, siguiendo a Gómez-Moreno, describe el baño de esta manera: «Sus diversas partes, comunicadas entre sí por arcos ojivales y escarzanos y cubiertas con bóvedas de cañón y de esquife con lumbreras, tenían

Albayzín Alto.
12.

en su interior alhanías (aposentos abovedados) con arcos de herradura ligeramente apuntados, volteados sobre columnas con capiteles corintios, compuestos con árabes primitivos (cuatro de estos capiteles de tiempo califal, procedentes tal vez de Medina Azahara, a juzgar por sus inscripciones, se encuentran hoy en el museo de la Alhambra) y alguno visigodo. Constaba, además del citado vestíbulo, de una habitación para desnudarse, otras para baños de vapor y reposo, otras más pequeñas con pila para baños de inmersión y, en el fondo del edificio, los hornos que alimentaban los caloríferos extendidos bajo el pavimento de gruesos ladrillos». De este baño quedan numerosos vestigios repartidos en las primeras casas de la calle y asimismo a sus espaldas, en el callejón de la Almona.

También se mantienen abundantes huellas árabes y moriscas, concretamente en casas de origen granadino, como los números 27 y 28. En la calle de Pardo, muy cerca, la número 32, aunque totalmente restaurada. También la número 19 de la calle de la Mina, que conserva la portadilla de una sala, y algo más allá, en la placeta de Fátima, la número 22, también muy interesante.

San Bartolomé

Plaza de San Bartolomé. Albayzín Alto.
12.
Importante torre mudéjar, la más bella de Granada.

La **iglesia de San Bartolomé** se construyó sobre la base de la gima alburriana y es obra del albañil Lope Arias y del carpintero Martín Escobar. De la antigua mezquita ha quedado el aljibe, de gran tamaño. Lo más sobresaliente de la iglesia es la armadura mudéjar de la capilla Mayor y la torre.

De ella nos relata fielmente Gómez-Moreno: «La torre, que está arrimada a la capilla mayor, es de gran elevación y la más bella obra de albañilería que existe en Granada; el cuerpo de campanas tiene arcos adornados con azulejos y cornisa, debajo de la cual resaltan discos vidriados que se decían espejos; hacia la mitad hay otra cornisa en forma de maroma, tallada en ladrillo, así como las cuatro ventanas que dan a los pisos, cuya variada decoración está hecha con admirable destreza y buen gusto, singularmente la que forma dos arcos y pilastras retorcidas, recordando las de los edificios románicos».

San Cristóbal.

San Cristóbal

Desde la placeta de San Bartolomé, por el Matade-rillo, se desemboca en la carretera de Murcia y el **mirador de San Cristóbal,** el popular barrichuelo de la Axarea del Albayzín, asentado sobre el cerro de Aben Mardánix, uno de los lugares más altos de la ciudad con inigualables panorámicas. Desde el mirador de San Cristóbal se abarca toda la impresionante geografía de la capital nazarita. Preside esta soberana silla la **iglesia de San Cristóbal,** edificada sobre la planta de la mezquita Axarea y utilizando en su obra piedras y mármoles de sepulturas musulmanas de la rauda adjunta a la gima. La capilla Mayor tuvo armadura octogonal muy labrada.

➔ Carretera de Murcia. Albayzín.

ⓘ Vistas panorámicas.

pero se perdió en un incendio en el siglo XVI, reedificándose más modestamente por el albañil Juan el Maragilí, uno de los moriscos revolucionarios de 1568, y el carpintero López Zamudio. La torre, que era de las más altas de las iglesias granadinas, tuvo un capitel puntiagudo «cubierto con hoja de lata de Milán y por debajo un andén con amostaderas de colores», pero un rayo atraído por el tambanillo incendió el campanario y el templo en 1577. Todavía en 1804, por mor de su esbeltez y de los cimbreazos de los terremotos, se le rebajó la talla hasta dejarla en la parvedad paralelepípeda actual y con mirada cíclope. La iglesia, como otras del Albayzín, volvió a arder por mano revolucionaria en marzo del 36.

Tras la iglesia existe aún, tapiado y abandonado, el **aljibe de Axarea** o alcoba Axarea, uno de los mayores y más interesantes aljibes albaycineros, al cual se bajaba por una escalera hasta el nivel de la acequia de Aynadamar. No hay seguridad sobre la época de su construcción, pero parece que fue a finales del XII o comienzos del XIII.

Antes de seguir adelante vamos a dedicar unas líneas a los **aljibes,** de los que hubo antiguamente más de cincuenta sólo en el Albayzín y de los que han llegado a nosotros casi la mitad, aunque condenados, cegados u olvidados.

Los aljibes públicos (privados debió haber innumerables y muchos siguen funcionando) han estado al servicio de los vecinos hasta hace unas décadas y suministraban agua a todo el barrio, procedente de la acequia de Alfacar.

Algunos de los aljibes, como el antes citado de **San Cristóbal,** el de la **gima Al Morabitín** o de **San José,** y el del Rey, conocido como **Al Cadim** o el Antiguo, pertenecen al siglo XII. Aparte su valor arqueológico poseen una fuerza memorial innegable, pues junto a cada aljibe hubo una mezquita o cuando menos una rábita.

Paraíso cerrado

Al final de la calle del Agua, en el cruce con Pagés, existe un compás mínimo de entrada a la **casa de los Mascarones,** llamada así porque en su fachada hay dos carátulas de piedra. Sobre la puerta y a la derecha un letrero en azulejos, orlado de pajaritos, ramos y mariposas, dice: «En esta casa tuvo su Paraíso en

Mascarón de la casa-carmen de Soto de Rojas.

el siglo XVII el poeta granadino don Pedro Soto de Rojas. Julio de 1926». Don Pedro, canónigo del Salvador, muy amigo de Góngora y estimado por Cervantes y Lope de Vega, se compró un palacete morisco después de la expulsión de 1611 y se hizo casa y jardín que llenó de fuentes, árboles, flores, estatuas y pinturas, incluso de sueños y se puso a escribir *Paraíso cerrado para muchos, jardines abiertos para pocos*, paradigma barroco del estar y sentir granadinos. Al morir don Pedro, el **carmen de Soto,** así le decían entonces, lo adquirió el escultor José de Mora, una de las glorias granadinas, quién lo habitó hasta 1726, año de su muerte.

Carmen de las Tres Estrellas

Justo detrás de este carmen, haciendo varios giros a izquierda y a derecha por un callejón, se halla el **carmen de las Tres Estrellas.** Esta casa, en la que vivió Antonio Joaquín Afán de Rivera, la inmortalizó hasta donde pudo inmortalizarla Manuel Fernández González, quien la utilizó como escenario de sus novelas *Los monfíes de las Alpujarras* y *Martín Gil*.

c/ de San Gregorio Alto.
12.
Particular.

La Cruz de Piedra

Barrio de la Fajalauza.
7, 12, F.

La calle de San Gregorio Alto va a morir en la **placeta de la Cruz de Piedra,** en donde se abren dos ramales: el carril de San Miguel que, manteniendo la guardia de la tercera muralla árabe, acaba en la ermita de San Miguel, y la calle Cruz de Piedra, que por el arco de Fajalauza, engancha con el antiguo camino del Fargue. Los paños de muralla que desde la cuesta de Caracas, en el Real de Cartuja, reptan el cerro del Aceituno hasta la ermita de San Miguel para descender limpiamente hasta el Sacromonte, conocidos como Cerca de Don Gonzalo, son obra del siglo XIV, levantada por el rey granadino Abul Hachach Yusuf. Esta defensa, que perdió algunos tramos importantes en la parte baja de la ciudad, concretamente en la Acera de San Ildefonso, y otros al abrir la carretera de Murcia, más lo que llevó por delante la riada de 1629 y la tercera y última ampliación de la ermita de San Miguel; esta defensa, decimos, se mantiene firme a pesar de los agravios y expoliaciones de mortero que ha sufrido y viene sufriendo de los vecinos.

La **ermita del Arcángel San Miguel,** que corona la muralla, fue construida a expensas del arzobispo Escolano sobre el pie de la torre del Aceituno demolida en 1671 porque se había convertido en cueva de maleantes; se amplió en 1753, la arrasaron los franceses en 1812 y la rehízo otro arzobispo, monseñor Álvarez de Palma, en 1815. Es un hermoso santuario que celebraba romería el 29 de septiembre. El templo es moderno, pero la imagen de su titular es una de las mejores tallas de Bernardo de Mora, a la que **García Lorca** homenajea con delicados y andróginos versos.

También se guarda en el santuario un cuadro de José de Cieza, muy bueno, con el tema de Cristo y la Samaritana.

Puerta de Fajalauza

Carretera de Murcia. Albayzín Alto.
7 y F.

El otro camino, el de la Cruz de Piedra, tiene puerta árabe, la de Fajalauza o Bib Fagg Allauz, del Campo de los Almendros, pasadizo que unía el barrio con el camino viejo de Guadix. La **puerta de Fajalauza,** la más moderna de las árabes que se conservan, ha dado nombre a la cerámica desarrollada en los alfares del arrabal. Estos talleres, de antiguo origen, elaboran sus piezas con los mismos sistemas árabe-moriscos, desde

Vista panorámica desde un carmen.

la preparación del barro hasta la cochura, realizada en hornos de leña y retamas. Y aunque es cerámica popular, muestra típica de la artesanía granadina, posee un indudable valor artístico e, incluso, una alta categoría cerámica tanto en las formas como en el tacto. Los talleres ya aparecen documentados en el siglo XVII y la familia Morales, de clara cuna morisca, ha ido siglo tras siglo manteniendo la pureza de aquellas formas y diseños comunes en los siglos XIV y XV.

Bajo el cerro de San Miguel, o del Aceituno, hasta la **plaza de Aliatar,** que es como el corazón de esta parte norte del barrio, existen **casas moriscas, aljibes árabes, cármenes** apartados y la Cruz de la Rauda, en un paraje antes poético y pintoresco y ahora desolado y triste, pero desde el que se disfrutan extraordinarias vistas. La Cruz, del XVI, se levantó en el mismo lugar en que estuvo la gima Arrauda y un gran cementerio musulmán, como indica su nombre.

Mezquita Mayor o iglesia de El Salvador

Plaza de El Salvador.
12.
Visita en horario de culto.
Patio árabe.
€€

La **iglesia de El Salvador** centra, a su vez, las confluencias de todo el Albayzín alto; en su espacio existió la mezquita Mayor, elevada por los huidos de Baeza cuando se establecieron extramuros de la alcazaba Cadima. Dicen que esta mezquita, aunque de menores proporciones que la Mayor de Granada, era bastante más hermosa.

La consagró el cardenal Cisneros en 1499, estableciendo la parroquia dos años más tarde y echándose abajo en las postrimerías del 500. De ella quedan el patio de los Limoneros y algunos restos parciales salvados cuando se edificó la iglesia cristiana en 1549, pero notablemente dañados con el bárbaro incendio de 1936, que destruyó totalmente el templo.

A la iglesia de El Salvador la rodean cuatro plazas: la de Aliatar, en una tangencia mínima; la del mismo nombre que la parroquia, donde desemboca la cuesta del Chapiz; la del Abad, cuyo verdadero nombre es el de Bib Albonud o puerta de los Estandartes, y la del aljibe de Polo, en la misma salida del patio de los Limoneros. Históricamente la más importante es la de Bib Albonud, en la que aún se ven dos torreones de la puerta árabe, pues en ella se enarbola el estandarte del rey de Granada recién elegido. En esta plaza se iniciaron las dos grandes revueltas moriscas: las de 1500 y de 1568, aunque en la última los albaycineros se *rajaron* a la hora de la verdad.

Por la calle de Horno de San Agustín y su empalme con Horno de Moral regresamos a la de Panaderos, esa bulliciosa travesía que es como la prolongación de la plaza Larga. A espaldas de Panaderos y en la avenida rodada de Pagés, frente a la plaza de Aliatar, está la **casa de los Moriscos,** fácilmente localizable por su puerta de arco ojival. Posee patio con maderas talladas y sala con armadura mudéjar de lazo. Parece que es ésta la **casa de la doctrina del Albayzín,** fundada por el arzobispo Guerrero y el padre Laínez, prepósito de la Compañía de Jesús, para la instrucción catequista de los hijos de los moriscos, y en la que fue pieza clave el padre Albotodo, jesuita de raza árabe.

Arco de las Pesas

Plaza Larga. Albayzín.

Desde la plaza Larga salimos hacia el Albayzín bajo por el **arco de las Pesas,** Bib Cieda o **puerta Nueva**

Iglesia Mayor de San Salvador, antigua mezquita Mayor del Albayzín.

es un torreón impresionante, elevado por los ziríes en el siglo XI al restaurar la muralla viejísima de la alcazaba Cadima, pues durante las guerras civiles del IX quedaron prácticamente arruinadas. En la puerta aún se ven pesas colgadas, aquellas defectuosas o faltas de fiel que decomisaban los oficiales de abastos. Tras la puerta Nueva se halla el solar de la **alcazaba Vieja,** la construida por los árabes damasquinos asentados en el lugar tras la invasión de Tarik, quienes eligieron el sitio porque les recordaba Damasco, siendo su edificación, por tanto, en el siglo VIII. Pero esta fortaleza fue desmantelada por Abderramán III durante las guerras civiles entre muladíes y mozárabes, en la segunda mitad del siglo IX.

ⓘ Muy cerca están las murallas de la Alcazaba Cadima y puerta de Hizna Román.

Hizna Román

La más antigua puerta de la alcazaba Cadima, hoy convertida en **capilla de San Cecilio** y cerrada ya en el siglo XI al abrir la puerta Nueva, es **Hizna Román,**

➜ Albayzín.

ⓘ Castillo romano, uno de los edificios más antiguos del recinto ibérico.

que los arabistas traducen según y conforme, es decir: como castillo del Granado (*hizn,* castillo; *arromán,* granado, de donde los antiguos extraían el nombre de Granada); como castillo Romano (para verificar su solera itálica) y como torre de Hernán Román (en memoria de algún gachó de dicho nombre que viviera a su vera). Parece, sin embargo, que los tiros van más por castillo Romano que por cualquier otro sentido. La puerta, y esto es indudable, debió levantarse en el siglo VIII sobre firme de otra anterior. Las otras puertas, la Nueva; la de Monaita, alteración popular de Bonaidar o de las Eras, y la de Elvira son obra del siglo XI. A la salida de Bib Cieda el paseo se divide en tres ramales.

A la izquierda, el callejón de San Cecilio, llamado así por la capilla instalada en la ya citada puerta de Hizna Román y dedicada al patrón de la ciudad.

Balcón de San Nicolás

Plaza de San Nicolás.

Panorámicas de Sierra Nevada y Granada con la Vega.

€

Al final del callejón se halla la **iglesia y mirador de San Nicolás.** De la iglesia, a la que pegaron fuego el 10 de agosto de 1932, poco podemos decir. Parroquial desde 1501 a 1842, fue sólo un templo bellísimo durante noventa años justos. Hoy, a la vista está, es sólo fachada, una brillantísima maqueta encalada que respalda enérgicamente la plaza y mirador de su nombre. El balcón de San Nicolás anda incluido como plato fuerte de los operadores turísticos. Es, por tanto, el lugar ideal para safaris fotográficos.

Mezquita de los Conversos o iglesia de San Juan de los Reyes

c/ San Juan de los Reyes.

Torre Almohade.

€€

Bajamos y siempre se sale a **San Juan de los Reyes.** Esta calle, con la de Elvira, en su tiempo tuvo categoría de principal. Es larga, tortuosa, a veces tan enjuta que no cuela un automóvil. Corre paralela a la carrera del Darro.

Las travesías de la izquierda si se viene hacia el centro son los sótanos del Albayzín y, como a todos los sótanos, se desciende por escaleras.

A media calle de San Juan de los Reyes se halla la iglesia de su nombre. Se edificó sobre el piso de la aljama Ataibín o **mezquita de los Conversos,** porque en ella renegaban los cristianos y debieron ser muchos pues a la entrega de la ciudad por los nazaritas se

aseguró que, entre los vecinos, no había más de 400 familias de pura sangre árabe, es decir, unos 30.000 ismaelitas de cepa, contra 200.000 moriegos, muladíes, tornadizos y perros renegados, a más de tantísimos mestizos de intención o hemoglobina. Es la primera parroquial erigida en Granada, ya que la bendijeron los Reyes Católicos el mismísimo 5 de enero de 1492.

Arco de las Pesas, o puerta Nueva en el Albayzín.

Se construyó en estilo gótico sobre 1520 y hoy, tras cien recosidos y parches, difícil se hace reconocer su fisonomía primera. Existen obras de arte de Bocanegra, Pablo de Rojas, Ruiz del Peral, Alonso de Mena y Pedro de Raxis. El convento que respalda la iglesia es moderno y ordinario (año 1881), pero al excavar los cimientos de dicho edificio aparecieron importantes trazas de una vía romana, pavimentada con grandes losas, y que se sospecha condujese a Acci.

Lo más destacable, sin embargo, es la torre de la iglesia, el alminar de la vieja gima Ataibín. Fuera del copete cristiano, feísimo campanario de ladrillo rebozado con argamasa, el resto es obra del siglo XIII, a la manera almohade. Su interior no posee escalera, sino rampa, la cual gira en torno a un recio manchón. La parte árabe del exterior consta de tres cuerpos, el más bajo liso, el segundo con ornamentación de ladrillo cortado en forma de arcos que se apoyan en columnitas y el tercero es un friso de entrelazos realizados igualmente con ladrillos. «Todo ello recuerda inmediatamente a la célebre Giralda de Sevilla», sentencian casi todos los críticos, aunque dice Gómez-Moreno: «el estilo de su decoración revela mayores adelantos, las columnillas tienen basas y sus capiteles aún recuerdan el orden compuesto romano».

Subiendo por Guinea se desemboca en la **plaza del Aljibe de Trillo,** cisterna árabe de comienzos del siglo XIV.

Mezquita de los Morabitos o iglesia de San José

c/ de San José.
Visita en horas de culto.
Único minarete anterior a los almorávides que se conservan en España.
€€

Por la calle Aljibe de Trillo nos encaminamos a la **iglesia de San José,** erigida parroquia en la misma mezquita Almorabitín, gima de los morabitos o ermitaños; es la segunda en antigüedad, pues se consagró el 7 de enero de 1492 por el santo alfaquí Hernando de Talavera, acaso el más ilustre personaje de la época, confesor de Isabel de Castilla, primer arzobispo de Granada y el único que verdaderamente entendió y amó a los *hermanos moros*.

La iglesia de San José se comenzó a obrar en 1517, naturalmente después de demoler la magnífica aljama árabe, de la que permanece **el minarete** con su correspondiente capirote campanil ideado por los cristianos. Es el más antiguo de la ciudad y el único que existe en España anterior a los almorávides. También se conserva el **aljibe** de la mezquita, condenado como sus hermanos de barrio. La iglesia mantiene, en la capilla Mayor,

La Alhambra desde el Balcón de San Nicolás, en el Albayzín.

el artesonado mudéjar de lazo con racimos de mocárabes descansando sobre pechinas góticas. Encierra esculturas de gran mérito debidas a Diego de Mora, Alonso de Mena, Diego de Siloé, José de Mora y otros, y pinturas del flamenco Pedro de Cristo, realizadas entre 1507 y 1530, años en que vivió el artista en Granada. También es notable una imagen de *San Sebastián,* de pequeño tamaño, talla alemana del siglo XV.

En torno a la iglesia de San José se agrupan numerosas viviendas que tuvieron y aún tienen sustanciales restos árabes y moriscos.

En una casa frente a la iglesia existían cuatro columnas con capiteles califales del IX, hoy en el museo de la Alhambra, y en otra, en el número 5 de la calle Bravo, se conservaba una portada árabe del siglo XIII. La **casa del Almirante de Aragón,** justo detrás del templo, es obra del XVI, edificio que tiene portada adintelada flanqueada por columnas jónicas y en su interior artesonados muy notables.

Ascendiendo por las calles de San José y Cauchiles alcanzamos la **plaza de San Miguel Bajo,** meollo, sin duda, de la zona más solariega del Albayzín. En radio reducido se ajustan una serie de edificios y memorias de palacios que fueron, entre los siglos XI al XIII, la silla real de Granada y el estribo desde el que Alhamar saltó a los lomos de la Asabica, el complicado sueño de los nazaritas. La plaza, con el frontón enorme de cal y llana de San Miguel, es un lugar recoleto acogido aún al impaciente arte de la cetrería. En ella, sitiado por un barandal con cuatro faroles, hay un Cristo sobre cruz de piedra.

En la esquina opuesta de la plaza y en el muro del templo se encuentra el aljibe árabe, obra del XIII, del que ya hablamos anteriormente y uno de los más bellos.

San Miguel Bajo

Plaza de San Miguel.
Cerrada al público.
Aljibe del siglo XIII.

La **iglesia de San Miguel Bajo,** como casi todos los templos granadinos, se erigió en parroquial en 1501 sobre la plataforma de la mezquita anterior y se edificó entre 1528 y 1539. En 1842, también como casi todos los templos granadinos, se suprimió agregándose a otra parroquia, en este caso a San José. Fue albañileada, en su parte interior, por Alonso de Villanueva, y en la superior, por Antonio Fernández; las carpinterías de ambas estructuras corresponden a Gil Martín y Gabriel Martínez. Como se ve, los grandes prácticos de la arquitectura granadina, los magistrales, fueron humildes, pero soberanos alarifes y magníficos tablajeros. La portada principal la realizaron dos artesanos de la piedra: Juan de Alcántara y Pedro de Asteasu, y no está claro que el diseño fuese de Diego de Siloé.

La otra puerta, la que da a la plaza, es exclusiva de Asteasu. El interior de la iglesia ha sido despojado de todas sus obras de arte porque el edificio, dicen, amenaza ruina; sin embargo, y durante algún tiempo, ha estado en reparación. La feligresía de San Miguel fue de las más compactas del Albayzín y, así como sucediera en el comienzo de la calle Elvira, aquí también vivieron y trabajaron destacados artistas y *familias muy principales*. En la iglesia, pues, están enterrados los pintores Pedro Atanasio Bocanegra y Juan de Sevilla y los imagineros Diego de Mora y Agustín de Vera.

San Miguel Bajo en el Albayzín.

Palacio de Dic Reh

De la plaza, por el Sur, surge el callejón de la Lona, cuya acera de la izquierda la ocupa totalmente la **casa de la Lona,** restaurada últimamente, «caserón inmenso y desmantelado en el que hubo telares para la fabricación de velamen de los barcos de guerra», dice un cronista, y juran que en dicho telar se confeccionaron las velas de la Armada Invencible, y así les fue, a pesar de que la verdadera denominación del edificio es **casa del Gallo del Viento,** lugar en el que asentó el famosísimo palacio de los ziríes, y concretamente del apasionado Badis ben Habus.

La dinastía zirita se inició en 1013 con Zawi el Zeirí; le sucedió Habus ben Balkin en 1020; luego Badis ben Habús, el de la veleta-talismán, en 1038; y por último Badis ben Balkin, en 1072, «mancebo de admirables prendas, amado de sus pueblos y temido de sus enemigos», dice Lafuente Alcántara, pero al que el Gallo del Viento, por mano bélica de los almorávides, le dio el retiro definitivo en 1090.

➔ Plaza de San Miguel Bajo. Albayzín.

ⓘ Sólo existen restos, salvo de Dar Al Horra, la casa de la Tiña y Santa Isabel la Real.

Vista exterior del palacio de Dar al Horra.

Aben Aljatib, el visir historiador, cuenta que a la llegada del almorávide Yusuf ben Taxfin al palacio de los ziríes halló incalculables riquezas, impresionantes tesoros y prodigiosos aderezos (Aljatib, el hombre, también era algo exagerado); los salones estaban cubiertos de tapices valiosísimos, de cortinas y alfombras muy hermosas; las vajillas, innumerables, eran de oro, de plata y de cristal tallado y «deslumbraban nada más mirarlas»; y las joyas existían a montones, por aquí y por allá, lo mismo diamantes que rubíes, tanto de esmeraldas como de perlas...; un solo collar de la madre de Abdallah se componía de cuatrocientas perlas y «cada una de ellas fue valorada en cien ducados». Sin embargo, el mismo Aljatib asegura que Yusuf no atinó con el verdadero tesoro, el de Badis ben Habús, escondido por su viuda antes de la entrega de la casa del Gallo del Viento a los almorávides.

Dar al Horra

Resulta que la **casa de la Lona** ocupa una mísera parte del solar que sustentaba el fabuloso **palacio de los Ziríes,** el cual comprendía, a su vez, el actual **convento de Santa Isabel la Real** (desalojado hoy), el **palacio de Dar al Horra,** la **casa de la Tiña** y la **iglesia de San Miguel.**

Por el **callejón de las Monjas,** que otros llaman del Ladrón del Agua y en el cual ahorcaron a varios políticos en el siglo XVIII, lo que convierte el pasaje solitario en pavoroso, está la entrada al **palacio de Dar al Horra,** o **casa de la Honesta,** ya que sirvió de retiro a Aixa, madre del rey Chiquito Boabdil y esposa repudiada por Muley Hacen al enamorarse de doña Isabel de Solís, la cautiva de Martos, a la que los granadinos llamaban Zoraya o Estrella de la Mañana,

c/ Ladrón del Agua.

Visita libre durante todo el día.

y también la Romía, la cristiana tornadiza. Esta **Isabel de Solís,** al finalizar el sitio de Granada, se reconvirtió y terminó monja en un claustro del norte español; sus hijos Cad y Nazar, bautizados y cuyos padrinos fueron el Rey Católico y el príncipe Juan, adoptaron los nombres cristianos de Fernando y Juan de Granada y recibieron el título de Infantes. Se dice, y aquí ya asoma la oreja lo legendario, que el palacio de Dar al Horra lo mandó construir el rey Abul Hachach Yusuf I (1333-1353) para recreo y escondite de su favorita Kamar, acusada de infidelidad, quien por cierto era bellísima.

Pero no, el Real se edificó en el siglo XV, a mediados. Es como una alhambrita modesta, una a manera de casa-estudio protegida por el silencio, las penumbras y el sedante adorno del verdín.

Dar al Horra formaba parte, hasta que se restauró por Torres Balbás y más adelante se abrió al público, del convento de Santa Isabel la Real, y tanto éste como aquel edificio se asientan sobre los poderosos y antiguos contrafuertes del alcázar de Badís. El monjerío lo fundó Isabel la Católica en 1501, con idea, en principio, de establecerlo en la Alhambra, pero al fin se trajo a este lugar. Al convento se entra por un compás «poético y romántico que convida a la meditación», escribe Francisco de Paula Valladar, y «sombreado por diversos árboles», añade Gómez-Moreno y que, después de casi un siglo y para sorpresa, sigue tal como lo cuentan. A la izquierda está la iglesia con compleja portada isabelina, al parecer diseñada por Enrique Egas, y la torrecilla, enjuta y frágil, con enchapado de azulejos en las ventanas. «Forman el templo una nave, no muy extensa, y la capilla mayor, separada por un arco ojival con capiteles de hojas picadas. Tiene la nave un hermoso alfarje mudéjar cuajado de lazo, con tres pares de tirantes y pinturas de estilo plateresco, siendo uno de los más antiguos que hay en la ciudad. Cubre la capilla Mayor otro bellísimo artesonado, pero con pirámides molduradas en lugar de racimos de almocárabes», describe Gómez-Moreno. «Son de los mejores techos de Andalucía», sentencia Marino Antequera. La iglesia retiene todavía algunas obras importantes de José y Diego de Mora, de Pedro y Alonso de Mena y de los pintores Bocanegra y Ambrosio Martínez de Bustos. La taza de una fuente árabe sirve de pila para el agua bendita.

El convento posee un soberbio patio, llamado de los Reyes Católicos, obra de finales del XVI. También conserva varias techumbres moriscas de mérito.

Muy cerca está el **hospital de la Tiña,** de donde tomó nombre la calle, por el establecimiento benéfico dedicado al tratamiento y cura de los tiñosos y después de orfelinato con el nombre de Nuestra Señora del Pilar; *el asilo de niñas*, que dicen los vecinos.

Interior de Santa Isabel la Real.

IV. De la plaza del Carmen al Campo del Príncipe

Caminamos por la reserva oscura de aquella otra ciudad llamada Garnatha al Yehud, la Granada de los judíos que tuvo tercio histórico en el sello de las monedas ibero-romanas, la triscela de la que hablábamos en la introducción a los *paseos*. El clan surgido en los bajos de las torres Bermejas, con su laboriosidad, con sus ahorros y, por supuesto, con su habilidad mercantil, engrandeció de tal manera el poder económico, incluso el militar, de su casa solariega que, a la postre, expropió los nombres de los otros conjuntos urbanos y cuando Tariq conquista el Municipio Florentino Iliberitano, con préstamo de los judíos de las torres Bermejas, lo que conquista es Granada. Desde entonces, tachado el sufijo levítico, el definidor Al Yehud, sólo resta un nombre que abarca por igual a las acrópolis iberas, Granada. Es la única y bellísima herencia semita, pues no han quedado edificios, templos, ni rastros de su larga presencia, a no ser el dudoso trazado de la sospechada judería y el tic usurero de los granadinos, que se convirtió en axioma bajo la fórmula de *tierra del chavico*.

Y, claro, volvemos a cruzar el complejo mundo de los rincones atípicos, pues el Mauror es un Albayzín fuera de lugar; el entorno de Santo Domingo, la segunda vivienda de los nazaríes; la calle de San Matías, el rincón de vagos y puteros cuya academia auténtica permanece en plaza Nueva; las casas solariegas del XVI compiten con las de la carrera del Darro; el Realejo, lugar de relumbrón por mor de la orografía, recuerda el Cenete, etcétera. Sólo el Genil pone un paisaje particular a la aventura turística.

Directamente desde la plaza bajamos a la calle de Ángel Ganivet. Esta vía de soportales, bien moderna debida a la reforma iniciada por Gallego Burín, fue campo de batalla del lenocinio hasta 1943. En su entrada el espantoso edificio de Correos y Telégrafos, pero al cabo, inmueble muy útil. Y en su remate un edificio enorme, **el Cervantes,** levantado sobre cimientos del viejo teatro del mismo nombre, acabado por los franceses e inaugurado el 15 de noviembre de 1810.

Monumento a Mariana de Pineda.

Campo de Mártires
Paseo Central
Torres Bermejas
13
12
11
C.
Plaza del Realejo
10
9
C. de Santiago
6
8
5
C. Santa Escolástica
7
Pavaneras
C. Paco Seco de Lucena
3
4
2
C. de San Matías
Cuarto Real
Cuesta Progreso
C. de Navas
Plaza de Mariana Pineda
Diputación Provincial
C. de Reyes Católicos
Plaza del Carmen
C. Angel Ganivet
1
18
17
Carrera del Genil
Puerta Real
Acera de Darro

DE LA PLAZA DEL CARMEN AL CAMPO DEL PRÍNCIPE

1. Campillo Bajo y Diputación Provincial.
2. San Matías.
3. Casa Grande o convento de San Francisco.
4. Casa del Gran Capitán o convento de Carmelitas.
5. Plaza del Padre Suárez.
6. Casa de los Tiros.
7. Casa de los Girones.
8. Iglesia y convento de Santo Domingo.
9. Monasterio de las Comendadoras de Santiago.
10. El Realejo.
11. Campo del Príncipe.
12. Iglesia de San Cecilio.
13. Cármenes.
14. Cuesta de los Molinos.
15. Casa de Ángel Ganivet.
16. Jardines de Salón.
17. Carrera del Genil.
18. Iglesia de Nuestra Señora de las Angustias.

Campillo Bajo

Plaza de Mariana Pineda.
3, 4, 6, 7, 8, 9, 10.

Dos laterales del edificio Cervantes dan cara a sendas plazas genuinas: **plaza del Campillo Bajo** y **plaza de la Mariana.**

La primera, con altísimos, hermosos y centenarios árboles; con fuente que sustituyó en 1854 al monumento dedicado al actor **Máiquez,** muerto en Granada, correspondió en tiempos nazaritas al lugar del Ateibín o de los Penitentes, de donde procede el nombre del castillo de Bib Ataubin, edificado por Alhamar, y que muy maltratado y rehecho sin pausa a lo largo de los tiempos ha venido en sede de la Diputación Provincial. Lo que hoy es acera del Casino, el antiguo arenal de la Rondilla del Darro, tuvo mala fama en los siglos XVI y XVII al convertirse en salteadero de rufianes, donde se recogía la gente de malvivir y delincuentes sin que la justicia les pudiera prender. Don Miguel de Cervantes alude a esta *academia* cuando habla del ventero que se había doctorado en ella. El noviciado se extendió más adelante hacia la calle de Mesones, como prolongación de la acera del Casino, hasta desembocar en casa del padre de la mancebía y viejas casas de putas, como la *acera de los valientes* y el *rincón de Vagos.*

La otra plaza, la de la Mariana, es naturalmente la de **Mariana Pineda,** y en ella se ve el monumento erigido a la mártir de la Libertad aprobado por el Excelentísimo Ayuntamiento en 1841 y alzado en 1870, lo que demuestra que no se dieron muchas urgencias.

San Matías

Plaza de los Campos, 5.
Visita libre.

Desde aquí encarrilamos la **calle de San Matías,** dejando a la derecha la **cuesta del Progreso,** que desemboca en el **Cuarto Real de Santo Domingo.**

El Cuarto Real, obra nazarí del siglo XIII, lo utilizaron los Reyes granadinos como retiro durante el Ramadán. Perteneció a las sultanas de manera muy particular, y a Aixa, madre de Boabdil, y lo compraron los Reyes Católicos para instalar el convento de Santa Cruz. El edificio conserva importantísimos restos árabes, más destacables por ser contemporáneos del primer nazarita, Alhamar, y en su decoración aún no campea el lema de la nueva dinastía. En el aledaño sur de esta zona se mantiene claramente el trazado de lo que fue la judería granadina, esa barriada que limitan San Matías y el enorme caserón de los dominicos.

Monumento al Padre Suárez.

La **calle de Navas** merecería llamarse Zacatín 2, pues siempre le ha ido a la zaga y su mercadería en tono menor, pero abrumadora, bien que necesita de este vicetítulo.

La **iglesia de San Matías,** como todas las que hemos nombrado hasta ahora, fue erigida en parroquial en 1501, junto a la gima Abrahem, lo que ya define su entorno judaico; pero se construyó más adelante, en 1526, algo apartada de la mezquita y en el sitio que ocupa actualmente. Tiene dos portadas: una, del cantero Juan Ruiz, realizada en 1541, y otra, del cantero Vicente Fernández, realizada en 1535. Los dos santos de las hornacinas son de José de Luque y los famosos clavos de las puertas, que uno ha visto estudiados en artículos y libros, los forjó Juan de Cubillana.

Como la obra la decidió y costeó el emperador Carlos I en memoria de san Matías, en cuyo día se ganó la batalla de Pavía, los más importantes adornos son los escudos imperiales. Su construcción obedece a un gótico-mudéjar, «aunque maltratado por ignorante restauración», explica Valladar. Encierra obras artísticas

c/ de San Matías.

Visita en horas de culto.

Templo imperial.

de dudosas firmas, como posibles Pedro de Mena, Ruiz del Peral, etcétera, y otras de cabal identificación con Bocanegra, Risueño (precisamente el *San Juan de Dios* de este autor se atribuyó durante mucho tiempo a Alonso Cano) y Folch.

Casas solariegas

Al fin de San Matías, en lo que son plaza de San Juan de la Cruz y plaza de las Descalzas, se hallan tres edificios notables: el **convento de San Francisco casa Grande,** fundado por los Reyes Católicos en 1492, y que no conserva apenas señas originales; la **casa del Gran Capitán,** donde vivió Gonzalo Fernández de Córdoba y allí murió en 1515, y el **convento de Carmelitas Descalzas,** fundado en 1582, sobre edificio y terrenos de la mansión del Gran Capitán. En la iglesia del convento, de una sola nave, se encuentran obras del taller de Pablo de Rojas, del de Risueño, y los siete grandes lienzos con temática teresiana pintados por el romano Bonifacio Touar. En el convento conservan el bastón, parte de la espada de san Juan de la Cruz, el báculo y una cruz que pertenecieron a santa Teresa y el magnífico *Niño Jesús* de Alonso de Mena. Por Pavaneras, llegamos a la **plaza del Padre Súarez,** lugar en el que también existen edificios importantes. La popular **casa de los Tiros,** de la que dice Gallego Burín: «El edificio es uno de los más interesantes de la ciudad y su aspecto exterior es el de una fortaleza, como sin duda lo fue en su origen, enlazada con las murallas que cerraban el barrio de los Alfareros». La obra de la casa de los Tiros, llamada así por los mosquetes que aún se mantienen en sus almenas, se edificó entre 1510 y 1540, perteneciendo al nieto de Cidi Yahía, de la familia Granada Venegas, y luego a los marqueses de Compotéjar, descendientes de aquella estirpe, quienes la cedieron al Estado en 1921 y donde se instaló el **museo de Turismo e Historia de Granada** y las oficinas de la Dirección General de Turismo.

Plaza del Padre Suárez.
4.
Entrada libre.

Lo más destacable de la casa es el salón llamado Cuadra Dorada labrado hacia 1539, los alicatados de otra habitación contigua y el artesonado del portal. El museo guarda obras importantes y pinturas de Bocanegra, Juan de Sevilla, Bassano, etcétera. Hay, además, una excelente colección de grabados de tema granadino pertenecientes a Ambrosio Vico, Brawn, Lewis Prangey, Vivian, etcétera, y formidables piezas de la artesanía

Patio de la casa de los Tiros.

popular del país, como cerámica, tejidos, muebles, latonería y tantas otras disciplinas, dando lugar a una colección única en su género.

Junto a la casa de los Tiros está la **casa del Padre Suárez,** de la que formó parte en principio. En su fachada, una lápida nos indica: «En esta casa nació el día V de enero de MDXLVIII, el V. P. Francisco Suárez, insigne comentador de Aristóteles y de Santo Tomás, clarísimo filósofo, teólogo profundo, jurisconsulto notable, defensor tan elocuente de la fe católica que mereció ser llamado por la Santa Sede ''Doctor Eximio'', gloria de la Iglesia, lustre de la Compañía de Jesús, honra de España y uno de los más esclarecidos hijos de esta Ciudad».

Bajando por Ballesteros y Ancha de Santo Domingo, haciendo esquina, se halla la **casa de los Girones,** conocida con este nombre por haber sido palacio de los Téllez Girón a partir del siglo XVI. En 1863, por unas obras de restauración del edificio de talante cristiano, se descubrió que la construcción primaria correspondía a época árabe, concretamente a la primera mitad del siglo XIII. Adquirida por el Estado, se restaura en 1930 por el arquitecto Torres Balbás.

Santo Domingo

Plaza de Santo Domingo.
2.
Horario libre.
Construido en huertos que pertenecían a las sultanas granadinas.

A pocos pasos se encuentra la **iglesia de Santo Domingo** y el **convento de Santa Cruz la Real.**

Éste también fundado por los Reyes Católicos, a los dos meses y medio de haber entrado en Granada y en acción de gracias por la conquista de la ciudad, dotándolo con los bienes confiscados por el Santo Oficio y dado inmediatamente a los dominicos. Dice Gómez-Moreno: «Cedieron para la fundación las huertas de la Almaxarra mayor y menor, que habían comprado respectivamente a la reina Horra, madre del rey Muley Baudili y al alcaide Monfarrax, y en el año siguiente añadieron a la anterior la extensa huerta de Geniataubin, que había pertenecido a la esposa del Rey Chico».

El convento se comenzó a construir en los inicios del XVI y se aprovecharon en la obra lápidas mortuorias y piedras sepulcrales de la rauda Alfajjarin, constando a su terminación de tres partes, de las cuales queda solamente la relativa al monasterio propiamente dicho; las otras dos, el Claustrillo y el Noviciado, se demolieron en el siglo pasado. Desde la exclaustración el edificio ha servido como sede del Liceo de Granada; después como museo, academia y escuela de Bellas Artes; a partir de 1890, como instituto Militar; seguidamente como cuartel de Artillería y desde 1930 al 1940 como centro de fermentación de tabacos. Restaurado, el Ayuntamiento devolvió el convento a la orden de Santo Domingo.

Plaza de Santo Domingo.
2.
Visita en horario de culto.

La **iglesia de Santo Domingo** es la de Santa Escolástica, parroquial, que antes perteneció al monasterio de la Santa Cruz. Gómez-Moreno dice de ella: «Es de cantería y de las mejores de Granada; se comenzó a construir en 1512, predominando el estilo gótico, con arreglo al cual se hicieron los arcos y bóvedas, pero las columnas, ventanas, cornisas, ciertos adornos y sobre todo el portón son de gusto romano». El pórtico, formidable, resulta demasiado angosto y demasiado espigado para el cuerpo superior; sobre la ventana plateresca hay enjutas que «presentan victorias inspiradas en las del arco de Septimio Severo en Roma». La planta del templo es de cruz latina y muy amplia, con diez capillas. Los adornos clásicos del yugo y las flechas de los Reyes Católicos presiden el arco carpanel de la nave central.

El templo posee obras destacadas de Pablo de Rojas, Diego de Mora, Pedro de Raxis, Juan de Sevilla, Ambrosio de Morales y una estatuilla en alabastro de la *Virgen de la Esperanza,* obra del XV, hallada milagrosa-

Hospital de San Juan de Dios.

mente en Sierra Nevada por Ruy López de Toledo, tesorero de los Reyes Católicos. También posee una tabla flamenca de mérito con la *Flagelación de Cristo.*

Muy cerca de la iglesia de Santo Domingo se hallan el **monasterio de las Comendadoras de Santiago,** fundación de Isabel la Católica, en el que se conservan buenas esculturas de Alonso de Mena, y el **convento de Santa Catalina de Siena,** en la cuesta del Realejo, de monjas dominicas, fundado en 1523.

➔ c/ de Santiago, en el Realejo.
🚌 2.
ⓘ Fundación del primer arzobispo de Granada, fray Hernando de Talavera, confesor de Isabel la Católica.

El Realejo

La barriada de los judíos, luego de los alfareros y al fin, Antequeruela, por los emigrados venidos de Antequera a la caída de la ciudad malagueña en manos castellanas, está centrada humanamente por el pequeño mundo mercantil de la **plaza del Realejo.** Estancia animadísima en la que por las mañanas se desarrolla un mercado variopinto con las consabidas mezcolanzas granadinas, pues junto al bordado a mano se vende el cacharro de cerámica y junto a la piña tropical el higo

➔ Barrio del Realejo.
🚌 2.
ⓘ Lugar de alfareros y tejedores moriscos, centro clave de la puerta del Sol.
ε

chumbo. La plaza divide la zona en dos grupos urbanísticos completamente dispares: el uno contenido por la calle de Santa Escolástica que asciende hacia la puerta del Sol, en el que el sosiego de las cuestas, del silencio y de la proximidad del bosque de Torres Bermejas crea un ambiente alejado y fragante típicamente nazarita; mientras que el otro, el que respalda la calle de los Molinos, con la algarabía del Campo del Príncipe, es la alegría de la juventud última.

Su espina dorsal, hermosa y difícil, la cuesta del Realejo que, como ascensor ilusionado, lleva directamente al **hotel Alhambra Palace** y de paso, por un pequeño desvío, al **carmen de la Fundación Rodríguez Acosta.**

Cristo de los Favores en el Campo del Príncipe.

Campo del Príncipe

Al pie de las terrazas del Alhambra Palace, efectivamente singulares, se halla el **Campo del Príncipe,** lugar al que los árabes denominaban de Abul Nasar o Campo de la Loma, el cual posee dos apoyos místicos.

Uno, la **iglesia de San Cecilio,** construida sobre la base de la mezquita de la Antequeruela y ésta a su vez levantada sobre la base de un templo mozárabe, «capilla en la que los cristianos sometidos celebraban

Campo del Príncipe.
2.
Visita en horario de culto.

Campo del Príncipe.

su culto, en recuerdo de lo cual aún conserva esta parroquia el privilegio de tocar una campana el Jueves Santo para llamar a los fieles» (Gallego Burín). Su obra se hizo entre 1528 y 1533 por el albañil Pedro Ríos y el carpintero Juan del Castillo, y la portada, de 1533, es realización de Juan de Marquina. Conservaba obras de Pablo Rojas, Alonso de Mena y José de Mora y pinturas de Raxis y Risueño. Un incendio reciente ha destruido prácticamente el templo. El otro apoyo místico es la imagen del **Cristo de los Favores,** labrada por voto de la barriada en 1640 y a la que los granadinos profesan un fervor rayano en lo supersticioso, especialmente el día de Viernes Santo a las tres de la tarde, que es cuando acuden en muchedumbre para solicitar tres favores al Cristo, y dicen que uno siempre lo concede. Y un apoyo castrense, el hospital Militar, edificio de comienzos del XVI que fue **casa solariega del almirante de Aragón don Fernando de Mendoza.** Tiene un espléndido patio y en el salón principal un formidable alfarje mudéjar.

ⓘ Ardió en 1969, perdiéndose gran parte de sus tesoros artísticos.

Cármenes

El arrabal de Nayd que ocupa la ladera de la colina del Campo de los Mártires, por la que aspira la cuesta del Caidero, ha competido siempre en cuanto a cármenes con los barrios de la Alegría en el Albayzín y con el del Mauror en las torres Bermejas. Y ciertamente que ha dispuesto de bellísimos huertos, pero sin las panorámicas de los anteriores. Aquí son famosos el que habitó **Manuel de Falla;** el citado del pintor Rodríguez Acosta; el que sirvió de estudio al patriarca de la pintura de escuela granadina **Gabriel Morcillo;** el de **Conchita Barrecheguren,** sobrina del también pintor Valentín Barrecheguren y muerta en *olor de santidad*, y tantos otros más.

Cuesta de los Molinos

Al final de los Molinos y por las Vistillas de los Ángeles salimos a la **cuesta de los Molinos** y de ahí al **paseo de la Bomba.** En el número 8 de esta calle, en el conocido como molino de Sagra, vivió Ganivet, como recuerda la lápida labrada por Loyzaga: «En esta casa vivió el malogrado escritor granadino Ángel Ganivet García, cónsul de España en Riga, donde murió el 28 de noviembre de 1898. El Excelentísimo Ayuntamiento de Granada le dedica este recuerdo».

Jardines de Salón

Desde el final del paseo de la Bomba parte la tan cacareada carretera más alta de Europa, la que conduce a Sierra Nevada y sus campos de nieve. Frente a la cuesta de los Molinos hay un puentecillo que salva el río Genil, conocido como **puente Verde,** mandado construir por el general francés Horacio Sebastiani (1810-1811) con piedras de la torre de la iglesia de San Jerónimo, destruida para esta obra.

El río Genil atraviesa Granada entre dos paseos: el del Salón y la Bomba, que es uno, y el de los Basilios, y sólo le sobrevuela un puente como Dios manda, el del Humilladero, pues los otros puentes, como el de las Brujas y el de la Redonda, ni son puentes ni pasarelas.

Esta parte del río está flanqueada por una franja de jardines que tienen épocas buenas y épocas malas, pero a los que son muy aficionados los granadinos veteranos y las parejas de novios, pues en ellos existen quioscos de bebidas, en los que se pasa una tarde y parte de la noche muy agradablemente a costa de sangría y *perdises asás,* que no son otra cosa que patatas asadas con sal y pimienta.

Camarín de Nuestra Señora de las Angustias, patrona de Granada.

Carrera del Genil

La **carrera del Genil** es el paseo que une los jardines con la puerta Real, magnífico lugar de pista para el *tontódromo* y meta final en la basílica de la Virgen de las Angustias, patrona de Granada.

El templo de **Nuestra Señora de las Angustias** es obra del segundo tercio del siglo XVII, con interior barroco y llevado a extremos churriguerescos en el camarín de la patrona de la ciudad, donde abundan los mármoles y la piedra serpentina. Se hizo bajo la dirección de Juan Luis Ortega y la fachada contiene una imagen en piedra de la *Virgen de las Angustias* tallada por Bernardo Francisco de Mora y su hijo José; de este último hay imágenes en el interior, así como de Pablo de Rojas, de Pedro Duque Cornejo y Fernández Raya. En pintura son destacables los lienzos de Juan Leandro de la Fuente, Ambrosio Martínez y Jerónimo de Cieza.

Carrera del Genil.

3, 4, 5, 8.

Visita en horario de culto.

Basílica de la Patrona de Granada.

V. De la plaza del Carmen a la Cartuja

El granadino, desde muy antiguo, sólo cree en una ley de la gravedad, la que le permita caer en el centro de la ciudad. Esta atracción mesocrática, que propugna el éxodo del entresuelo al suelo; la escapada del lugar de los *negros,* por conversos, y de los *hijos del medio pelo,* por menestrales, a los llanos donde se cría el apellido grande, el relumbrón de moños, la burguesía, etcétera, atracción irresistible que conduce directamente a la vulgaridad, a la Granada cristiana y decimos cristiana como signo de nueva riqueza, la proveniente del cultivo de la remolacha (a ello se debe la Gran Vía), la emperifollada por la sangre azul y los ultramarinos (barrios del Boquerón y San Juan de Dios), la intelectualizada por los universitarios (umbrías de San Jerónimo) y la beatificada por la iglesia metropolitana y sucursales inmediatas.

Sin embargo y para consuelo de visitantes, en esta parcela granadina ocurre como en las restantes, que junto al simplismo castellano yace, como protesta, un ademán extraño, bien árabe, bien mudéjar, incluso el tic contestatario de una obra castellana. Resulta, entonces, que el gótico florido corona el solar de la mezquita Mayor y va de la mano con la Madraza, la universidad de Yusuf; que los afeites barrocos de la basílica de San Juan de Dios los disimula con sobriedad el hospital del mismo nombre; que el hospital Real, fundación de los Reyes Católicos, traba amistad con la puerta de Elvira, ya entrada en años en el siglo nono; que el Real de Cartuja, lugar de los *gargajosos* vocingleros se conlleva con los últimos del Albayzín, aquellos que sustituyeron la cantería por la argamasa y el arco de medio punto por el arco de herradura.

Desde la **plaza del Carmen** nos acercamos a la Alcaicería y salimos a la calle de los Oficios. La calle de los Oficios es, sin la menor duda, el zaguán que da paso a la ciudad castellana bendecida por la presencia de los cristianos viejos. Aquí estuvo la mezquita Mayor de la Granada árabe, aquí estuvieron sus mercados de la moneda y de la política, aquí brillaron sus comercios internacionales, aquí vivieron sus más importantes personajes y, por lo mismo, aquí se elevaron las primeras y más aparatosas piras purificadoras. A la **mezquita Mayor,** construida a finales del siglo X y rehecha en los comienzos del XII por Abderramán ben Mohamed el Moaferí, quien la decoró y dotó de riquísimos adornos,

Retablo de San Jerónimo.

DE LA PLAZA DEL CARMEN A LA CARTUJA

1. El Sagrario.
2. Catedral.
3. Museo catedralicio.
4. Capilla Real.
5. Museo de la capilla Real.
6. La Universidad árabe.
7. Plaza de Bibrambla.
8. El Zacatín y la Alcaicería.
9. Plaza de la Universidad.
10. Iglesia de los Santos Justo y Pastor.
11. Monasterio e iglesia de San Jerónimo.
12. Hospital e iglesia de San Juan de Dios.
13. Plaza del Triunfo.
14. Lugar de la ejecución de Mariana Pineda.
15. Hospital Real.
16. Monasterio de la Cartuja.

le metieron la piqueta enseguida, justo en 1499. Dice el visir historiador Aljatib que el sirio Al Moaferí sustituyó los mezquinos soportales de la antigua aljama por columnas de mármol cuyos capiteles se labraron en Córdoba, así como las puertas: que engalanó los techos con preciosas armaduras y materiales vistosos, que cubrió los suelos con grandes losas de mármol y que, junto a ella, costeó un amplio baño público.

Naturalmente, poseía su patio de los limoneros y un profundísimo pozo, magnífica obra de albañilería hecho de roca de ladrillo y con escalera para poderlo limpiar que llegaba hasta el ras del agua, es decir, los 38 metros. La torre de la mezquita, a la que se llamó **de Turpiana,** dicen que era anterior a la invasión musulmana y resto de una iglesia visigótica, pero su conformación y aspecto se asemejaba mucho a la de San José actual, siendo, pues, minarete árabe y no anterior al siglo IX. En la puerta principal de esta mezquita

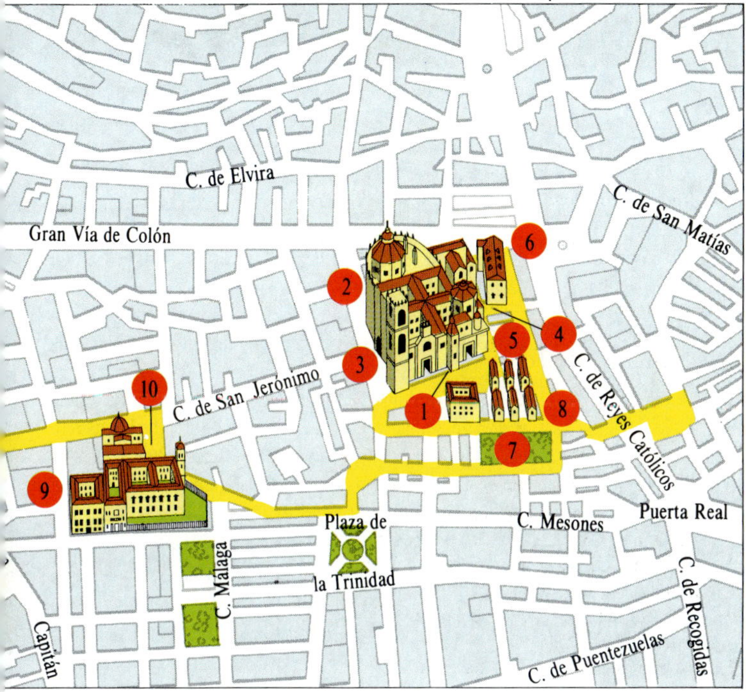

Mayor, correspondiente al patio de la alberca o de los toronjos, fue donde Hernán Pérez del Pulgar, en la noche del 18 de diciembre de 1490, clavó un pergamino con el *Ave María*, escrito en rojo, después de atravesar sigilosamente toda la ciudad mora. La provocación dio ocasión, como todo el mundo sabe, a una respuesta chula de los sitiados.

El Sagrario

Pues bien, el solar de la mezquita Mayor es hoy la plataforma de la **iglesia del Sagrario,** de la **capilla Real** y de la **lonja de Mercaderes,** complejo netamente eclesiastizado al que debemos añadir la **catedral,** el **palacio Arzobispal** y la **Curia,** toda una miniciudad concatedralicia y apostólica en la que, como en pocos sitios actualmente, los presbíteros y las dignidades han

Plaza de Alonso Cano.

Visita en horario de culto.

Construida en el solar de la mezquita Mayor de Granada.

mantenido hasta hace bien poco la moda sacerdotal del Concilio Vaticano I. El palacio Arzobispal y la Curia ardieron y se hallan en restauración.

La iglesia del Sagrario se erigió en parroquial con el nombre de Santa María de la O en 1501, sobre la aljama árabe, pero el edificio presente se comenzó a construir en 1704 sobre proyecto de Francisco Hurtado Izquierdo, maestro mayor de la catedral de Córdoba, quien continuó la obra, y ya en 1717, el cantero José de Bada. Se inauguró en 1759. El templo no es un dechado de ingenio y arte aparejador.

Contiene obras de los pintores Juan de Sevilla, Diego García Melgarejo, Bocanegra, Miguel Jerónimo de Cieza y alguna anónima muy interesante, del XVI, y esculturas de Vera Moreno, Pedro Tomás Valero, José de Mora, Pedro de Mena y Diego de Aranda. La pila bautismal, en mármol blanco y magnífica muestra del Renacimiento, fue realizada por los maestros Florentín y Milanés hacia 1520.

Enterramiento de Pérez del Pulgar

En el lateral izquierdo del altar Mayor está la **capilla del Pulgar,** cedida por Carlos I *al de las Hazañas* por su farolada del Ave María. Allí consta la prueba: «Su Magestad, esta capilla mandó dar a Hernando del Pulgar señor de Salar, por ser el lugar donde con los suyos posesión tomó desta sancta iglesia en 1490, estando en esta cibdad Muley Baudeli rey della. Acabóse esta obra a 1531».

En la iglesia del Sagrario están enterrados además de Pérez del Pulgar, el primer arzobispo de Granada, el santo alfaquí fray Hernando de Talavera; los infantes Alonso y Pedro de Granada, descendientes de Cidi Yahia; el cronista Pedro Mártir de Anglería y el arquitecto Ambrosio de Vico, quien trazó la famosa plataforma de Granada, que grabaría más tarde Francisco Heylán.

Catedral

Plaza de las Pasiegas.
De 10.30 a 13 y de 16 a 19.
€€

Desde aquí pasamos directamente a la **catedral** por la puerta llamada del Sagrario. Fue fundada por los Reyes Católicos e instituida mediante bula pontificia el 21 de mayo de 1492, asentándose provisionalmente en la mezquita Real de la Alhambra. En 1507 se trasladó a la mezquita Mayor, de la que acabamos de contar, pero al resultar pequeña, además de ruinosa,

La lonja y fachada de la Capilla Real.

se decidió construir junto a ella el templo actual, proyecto que fue aprobado en 1518. En principio y con enorme imaginación, quisieron reproducir la catedral de Toledo, pero Carlos I, recordando la intención de su abuelo Fernando, dijo que había que levantar una mayor y más amplia iglesia. Se pusieron al trabajo los maeses mayores Gil de Hontañón y Enrique Egas, con las ayudas del aparejador Sebastián de Alcántara, y se colocó la primera piedra el 25 de marzo de 1523. Egas diseñó una obra de estilo gótico, pero he aquí que, cinco años más tarde, toma las riendas de la obra **Diego de Siloé** y transforma el antiguo proyecto en otro nuevo de orden renacentista. Salvo mínimas alteraciones se siguió la idea de Siloé y al cabo de 181 años se pudo inaugurar el templo, lo que ocurrió en 1704. Los maestros que intervinieron en la obra a lo largo de estos casi dos siglos fueron, después de Siloé, Juan de Maeda hasta 1576, en que murió; el licenciado Lázaro de Velazco, por muy poco tiempo; Juan de Orea, durante el año 1580; Ambrosio de Vico hasta 1623, en que murió; Juan de Aranda, que no dio golpe; Miguel Guerrero, López de Rojas, etcétera, hasta que se eligió a Alonso Cano, quien presentó una traza de fachada distinta de

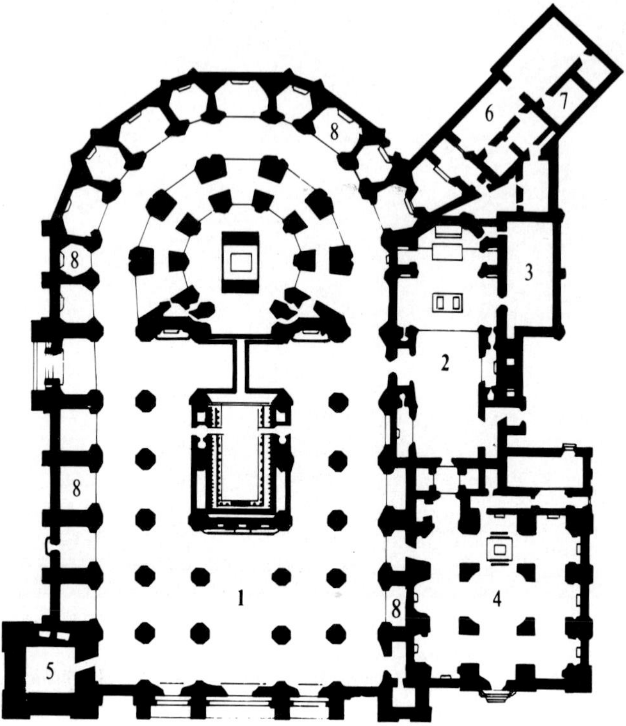

PLANTA DE LA CATEDRAL, CAPILLA REAL Y SAGRARIO

1. Catedral
2. Capilla Real
3. Sacristía-Museo
4. Sagrario
5. Museo
6. Sacristía
7. Sala Capitular
8. Capillas

la de Siloé, hasta 1680, año de su muerte; Teodoro Ardemans y Melchor Aguirre, hasta 1684; Zurita y Francisco Castillo, hasta 1701, y Otero y Rodríguez Navajas, los últimos, que la remataron en 1704.

Las medidas de la basílica son 115,40 metros de largo por 67,25 de ancho (unos 10.000 metros cuadrados contando el espesor de los muros y retranqueos, no incluidos en las anteriores cifras). Su altura máxima, la de la capilla Mayor, es de 45 metros, y la de la nave principal y cruceros sobre los 32. Estas proporciones hicieron exclamar a muchos que era el templo «más suntuoso de la Cristiandad después del de San Pedro en el Vaticano».

Gallego Burín le denomina «ejemplar principalísimo del Renacimiento español»; «sobre todo su capilla Mayor y demás miembros construidos por Siloé y Maeda, que son lo más bello de tal estilo que se edificó en nuestra Península», añade Gómez-Moreno.

El curioso visitante nada más entrar dirá, desconcertado: «Pero bueno, ¿quién ha sido el que ha encalado esto?» Pues sí, lo blanquearon en 1703, un año antes de terminarse definitivamente las obras. Se han dado cien explicaciones y a nuestro parecer la que recoge el beneficiado Reyes Martínez (*Guía de la Catedral de Granada,* 1974) parece la más lógica. Dice: «Lo más probable, y es opinión de muchos, es que se trata de la preparación para un dorado similar al de la capilla Mayor, que incluso se comenzó a hacer en los dos grandes retablos corintios de piedra donde están los altares laterales a los púlpitos, de tal manera que el decorado general del templo hubiera sido idéntico al de estos dos frentes». Si no llevaron a cabo el dorado fue, indudablemente, por penuria económica.

Fachada de la catedral.

Capilla Mayor

La **capilla Mayor,** una de las obras más bellas y atrevidas de la arquitectura universal, es de forma circular con diámetro de 22 metros y altura de 45, con lo que su arco total disminuye de espesor por la cara interior de su archivolta, dando lugar a un verdadero alarde arquitectónico, atrevimiento que revela el genio y la sabiduría de sus constructores. El tabernáculo actual, con basamento de mármol verde, labrado en plata por Navas Parejo en 1925 y costeado por el duque de San Pedro Galatino, el mismo que promovió la carretera al Veleta, el tranvía de la Sierra y el hotel Alhambra Palace, sustituyó a otro horrendo hecho en 1804.

El interior lo ocupa el **coro,** igualmente trasplantado a la capilla Mayor en 1926, pues hasta entonces estaba situado en la nave central, a la manera clásica de los coros catedralicios medievales. La **sillería** del XVI, que tapona hoy las luces de los arcos que dan a la girola, es de poco mérito.

El **facistol,** trazado y comenzado a ejecutar por Alonso Cano pero que, por pereza artística, terminaron dos maestros carpinteros, es una extraordinaria obra realizada en caoba, piedra serpentina y bronce dorado.

En las doce columnas falsas del primer cuerpo de la capilla y sostenidas por repisas barrocas hay un apostolado de imágenes doradas, diez de las cuales, de 1612, pertenecen a Martín de Aranda y Bernabé de Gaviria, y la de *San Pablo* a Alonso de Mena. Entre las columnas hay esculturas de santos patronos de gremios y hermandades, donadas a la catedral en el último tercio del siglo XVII. Sobre los arcos que dan paso a la girola existen retratos de doctores de la Iglesia, realizados por Pedro Atanasio Bocanegra y Juan de Sevilla.

En el segundo cuerpo de la capilla se encuentran siete escenas de la vida de la Virgen, pintadas por Alonso Cano de 1652 a 1664, y entre ellas y en las peanas de las columnas, lienzos de Bocanegra, Sevilla y Risueño. Sobre este cuerpo están las catorce vidrieras de Teodoro de Holanda, hechas en Flandes hacia 1550, que recogen momentos de la Pasión y sobre ellas, las diez cristaleras dibujadas por Siloé y pintadas por Jan Campen entre 1559 y 1561. Los púlpitos de mármol son de Francisco Hurtado Izquierdo. El señor Hurtado tardó en hacerlos cinco años, a partir de 1713. Los candeleros de plata pendientes ante el altar mayor son obra del orfebre Cervantes Pacheco (1654), bajo esquema de Alonso Cano.

Pilares de la catedral.

Los dos frentes laterales de la capilla Mayor correspondientes al cierre de las naves vecinas de la central los resolvió Diego de Siloé con arcos superpuestos, en los cuales hay varias pinturas de Juan de Sevilla y de Bocanegra, dos a dos y cruzadas.

En la nave central y sobre muretes que se hicieron en 1614 para la instalación del coro, se encuentran los órganos barrocos construidos por Fernández y Dávila entre 1744 y 1749, que sustituyeron al renacentista labrado por Diego de Siloé y enriquecido por el que compuso Francisco Llops en 1674, el primero de los cuales fue a parar al convento de San Diego, y el de Llops, a la iglesia parroquial de San José.

En el centro de la nave maestra se halla el **panteón de arzobispos y prebendados,** lugar en el que enterraron al genio local e insigne maestro de todas las artes Alonso Cano. También se encuentran allí los restos de doña Mariana Pineda.

Recorrido de las capillas

Bajamos hasta la puerta principal y desde aquí, por los caminos de la derecha, iniciamos la ronda de las capillas. En el paredón interior de la fachada hay un cuadro de Pedro Atanasio Bocanegra, *El Cristo de la Expiración,* realmente bueno. La primera puerta del lateral corresponde a la Contaduría, donde «hay varias salas que fueron oficinas de Contaduría y muchas escaleras que subir», dice el padre Reyes Martínez. Ahí se quiso instalar el museo de Alonso Cano, invento que no prosperó, pero que aún alberga gran cantidad de objetos y obras de arte. Entre otras, citaremos sólo las más destacadas: esculturas de Rojas, de Pedro de Mena, de Diego Aranda; pinturas de Pedro de Moya, interesantes de Bocanegra, de Risueño, de Raxis, etcétera.

Sigue la **capilla de San Miguel,** con un relieve del Arcángel en mármol blanco, obra de Juan Adán, y una *Santísima Trinidad* por todo lo alto de Manuel González. En el costado derecho de la capilla, un lienzo de Cano que reproduce la *Dolorosa* de Gaspar Becerra (1565). Enfrente, el sepulcro del arzobispo Moscoso, en mármol blanco, porque en esta capilla todo es de mármol blanco menos los grandes vasos de barro chino que fueron del citado arzobispo.

Luego está la **puerta del Sagrario,** sobre la que hay varios cuadros, uno de Bocanegra y otro muy curioso, de *Cristo Nazareno,* con un letrero que dicen escribió san Juan de Dios y amonesta: «Agan bien por sí mismos. Acordaos de la cuenta que emos de dar a Dios». Los otros lienzos son de menor entidad.

Continúa la **capilla de la Santísima Trinidad** con lienzo de Alonso Cano, una *Santísima Trinidad* boceto para otro de mayor envergadura con destino al convento de San Antonio. El resto de la pintura es italiana, incluso los cobres pequeños y redondos de la parte baja del retablo.

Inmediato, el **retablo de Jesús Nazareno,** barroco artificio de Fernández Raya (1722), en el que destacan las pinturas de Ribera, las de Alonso Cano y un cuadro del Greco, todos ellos puestos en tela de juicio por el crítico Marino Antequera.

Sigue la puerta y portada de la **capilla Real,** que fue su entrada principal pero quedó dentro de la catedral al construirse ésta. Es una hermosísima obra del estilo ojival florido labrada en 1527 por Jorge Fernández, según diseño de Enrique Egas.

Luego el retablo de Sant Yago, y su productor,

Fachada de la capilla del Sagrario.

Francisco Hurtado Izquierdo. El retablo es como una gran bandeja, con relumbres de nuevo rico. Lástima que la magnífica imagen ecuestre del Apóstol, soberbia escultura de Alonso de Mena, tenga que galopar entre tanto oropel. Y lástima de la *Virgen de los Perdones,* el cuadrito que hay sobre Santiago, encantadora *madonna* que regaló el papa Inocencio VIII a Isabel de Castilla en 1491 y ante el cual se dijo la primera misa en la mezquita Real de la Alhambra, porque entre la sombrilla y los estores se la comen viva. A ambos lados de la imagen de Santiago están los patronos de Granada, *San Gregorio* y *San Cecilio,* obras de Diego y José de Mora. Arriba hay una *Inmaculada* de talla y dos cuadros de José Risueño.

Los dos huecos siguientes corresponden a la entrada a la sacristía, de la que hablaremos después, y a la puerta del Colegio, denominada así porque cerca estuvo el colegio Eclesiástico, puerta cerrada al público hace muchísimo tiempo. Y seguidamente la **capilla de Santa Ana,** ya en plena girola de la capilla Mayor. Ésta se podía llamar la capilla de Pedro de Raxis, pues además del retablo todos los cuadros son de él. Sólo deja los laterales para Bocanegra y para una obra escultórica de *Santa Ana con la Virgen y el Niño,* titular de la capilla, de la que es autor Diego de Pesquera.

A continuación la **capilla de San Sebastián,** con estrepitoso retablo barroco y buen lienzo del martirio del titular, por Juan de Sevilla. En el mismo eje de la girola con la nave central se halla la **capilla de San Cecilio,** cabecera, pues, del ábside. Posee un retablo de mármol blanco y bronces bastante mediocres (Francisco Aguado, 1779-87) y varias imágenes de santos, entre ellas la de *San Cecilio,* talladas por el francés Verdiguier sobre 1780. En la de **San Blas** sólo existe destacable la imagen del santo atribuida a Alonso de Mena y los cuadros de Juan de Sevilla. De la de **Santa Teresa,** que es la vecina, nada de particular a no ser los cinco cuadros que relatan la vida de la Fundadora, atribuidos al carmelita descalzo hermano Adriano. La **capilla del Santísimo Cristo de las Penas** contiene un *calvario* del XVI muy interesante, pero repintado dos siglos después con malísima fortuna, de lo que se quejaba Gómez-Moreno. Sigue la de **Santa Lucía,** con una excelente imagen de la santa debida a Alonso de Mena sobre retablo de Gaspar Guerrero. En esta capilla hay que señalar la encantadora *Virgen de la Guía,* pequeña talla alemana del XV, restaurada en el XVIII.

Nuestra Señora de la Antigua

Luego está la **capilla de Nuestra Señora de la Antigua,** acaso la más importante de las capillas catedralicias. *Nuestra Señora de la Antigua,* antes patrona de Granada, es obra alemana del XV y dicen que fue traída por el ejército castellano cuando el cerco de la ciudad y regalada después por la Reina Católica a la catedral. Es una imagen curiosa, porque el Niño que sostiene la Virgen en sus brazos tiene una **granada** en la mano izquierda. Y uno se pregunta: ¿La granada pertenece a la escultura desde primera hora o fue añadida más tarde, por ejemplo, al ser retocada en el siglo XVII o cuando la restauró Ruiz del Peral en 1765, del que sabemos era un experto esculpiendo manos? Del retablo de la capilla dice Gómez-Moreno: «Quizá lo más disparatado que haya en Granada de aquel tiempo y digno de la fama de su autor». Es labor del sevillano Pedro Duque Cornejo y lo realizó entre 1716 y 1718. Sigamos con las opiniones. Gallego Burín dice que «por sus dimensiones y trazado es de las obras más atrevidas y originales del barroco andaluz». Mientras Marino Antequera le llama «máquina de estípites, roleos y perspectivas que huyen».

Inmediata está la **puerta del Perdón,** de la que se hablará y enseguida la **capilla de Nuestra Señora de las Angustias,** que preside una imagen en mármol gris y blanco, trabajo todo él de esta capilla de José de Bada. Continúa la de **Nuestra Señora del Carmen,** con tallas atribuidas a José de Mora y buen *San Elías* de Pedro de Mena. Lo más sorprendente son las reliquias encerradas en un casillero de la cruz de ébano que centra el altar, pues, entre otras, hay un trozo de la cruz en que murió Cristo, unos fragmentos del sudario en el que lo envolvieron, parte de la corona de espinas y una diminuta reliquia de la flagelación, todas ellas con certificado de autenticidad dado en Roma en el año 1771.

Le sigue la **sala de San Jerónimo,** con importantes trabajos de pintura y escultura, especialmente un cuadro de *La Virgen de las Angustias* del siglo XV, donado por los Reyes Católicos a la iglesia de San Juan de los Reyes, y una imagen de *El Salvador,* obra alemana de comienzos del XVI. Y por último, la **capilla de Nuestra Señora del Pilar,** lindando con el pie de la torre, en la que es digno de señalar una imagen de la *Virgen de Belén vistiendo al Niño,* obra de Alonso de Mena que, por cierto, está aquí de prestado.

La Virgen con el Niño, de Pedro de Mena.

Museo Catedralicio

☎ 22 29 59.
De 11 a 13 y de 16 a 18.
Importante en alhajas.
€€

La antigua sala capitular, en la torre, acoge al **museo de la Catedral,** en el que se acumulan tanto los ornamentos religiosos como las joyas litúrgicas y las obras de arte mayor. Entre los ornamentos cabe destacar los cuatro ternos del XVI, concretamente el amarillo, de 1544, ejemplar precioso del arte mudéjar. Entre las alhajas, **la custodia del Corpus,** donación de la Reina Católica. Y de este siglo XVI un cáliz gótico, una arqueta cincelada, el anillo del pontífice Sixto II y la cruz capitular. Hay hermosas obras de orfebrería de los siglos XVII al XIX, entre ellas un báculo barroco de plata, relicarios, custodias, etcétera.

Señalaremos el crucifijo de ébano y bronce, procedente de la cartuja granadina, magnífica labor italiana del XVIII. En cuanto a pintura, el cuadro de *La Virgen con el Niño,* atribuido a Leonardo da Vinci; una *Inmaculada* de Sánchez Cotán, una *Madonna con Niño dormido* de Sassoferrato y una *Virgen de las Angustias* de Juan de Medina, posiblemente. De las esculturas, por

Órgano barroco de la catedral.

Interior de la catedral.

supuesto, la *Cabeza de San Juan Bautista,* de Ruiz del Peral; *La Virgen de Belén,* de Alonso Cano, y las tallas de Pedro de Mena.

Al abandonar la catedral, de cuyo exterior hablaremos seguidamente, al visitante le queda la impresión enorme de desahogo que no es fácil de hallar en otros templos de la época. Es una iglesia antiturbia, antitenebrosa y antiestática, y no nos referimos a su luminosidad, sino a sus entreluces, como si efectivamente fuese un interior construido en el amanacer del otoño granadino. Aquí no existen las intenciones jeroglíficas, ni los misterios alquímicos, ni los contubernios medievales del gótico, a los que en principio estuvo abocada. El único defecto sin duda es la gran hospitalidad hacia el barroco, que se pegó a ella como una lapa.

La fachada de la catedral

El exterior del edificio adolece, como todas las obras incompletas, de falta de equilibrio. La fachada es impresionante y muy particular, distinta a la proyectada por Diego de Siloé en 1528, cuando la influencia renacentista jugaba todas sus bazas renovadoras. La traza es de **Alonso Cano,** el polifacético racionero, quien no intervino en su realización al morir en el mismo año en que se aprobó el proyecto. De ella escribe Gómez-Moreno: «Está circunscrita por cuatro grandes estribos con bóvedas entre sí, que constituyen el cerramiento; la decoración es sencillísima y Alonso Cano al trazarla se apartó de toda regla, usando pilastras sin capiteles, cornisas a capricho, que dividen la obra en dos cuerpos y por único adorno recuadros y golpes de follaje». La grandiosa simplicidad de la fachada hace recordar a Gallego Burín «las puertas triunfales romanas». Sobre la puerta principal hay un relieve de José Risueño que representa la Anunciación.

Naturalmente, la fachada debió tener dos torres, pero sólo se inició la fabricación de una, la de la izquierda, que se quedó por defecto de obra en 57 metros de alto cuando lo previsto alcanzaba los 81 metros, es decir, le faltan dos cuerpos más; uno de ellos, octogonal, llegó a levantarse, pero hubo que desmontarlo por amenaza de ruina. Posee un total de 16 campanas, entre las cuales anda un campano que traía el ejército de los Reyes Católicos y la tremenda campana gorda, fundida por Venero e instalada en 1778. En el primer piso de la torre tuvo Alonso Cano uno de sus talleres de arte. Rodeando por la calle de la Cárcel, encontraremos dos de las puertas exteriores del edificio. Primeramente, **la de San Jerónimo,** obra de Diego de Siloé y de Juan de Maeda, cerrada al tránsito; y más adelante **la del Perdón,** obra maestra de Siloé como escultor, de cuya firma aparece la *S* inicial del apellido grabada en los adornos. Se acabó de labrar e instalar en 1537. Por ella entramos de nuevo a la catedral, la cruzamos por el crucero y, sin desviarnos un ápice, pasamos a la **capilla Real,** de la que ya encarecimos su portada.

Capilla Real

➔ c/ de los Oficios (adosada a la Catedral).

◷ De 10.30 a 13 y de 16 a 19.

ⓘ Sepulcros de los Reyes Católicos.

€€

La **capilla Real** es fundación de los Reyes Católicos para panteón propio y en él están depositados, claro. La proyectó **Enrique Egas,** el del gótico florido, y la supervisó directamente *el Aragonés Astuto* (Fernando el Católico) hasta su muerte en 1516. Carlos I consigue que se termine un año después la que enfáticamente definirán como «la más bella iglesia española de los comienzos del Renacimiento». En 1521 se bajan de la Alhambra los restos de los Católicos y se les sepulta

Reja de la capilla Real.

en ella. En 1525, don Carlos envía el cadáver de su padre Felipe el Hermoso. En 1539, el de la emperatriz Isabel, su bellísima mujer. Más adelante los despojos de la princesa María, esposa del príncipe don Felipe, y los de sus hijos Juan y Fernando. Y por último, el cadáver andariego de doña Juana la Loca. Como resultaban demasiados inquilinos, Felipe II decide despejar el hipogeo trasladando a El Escorial a todos, menos a los Reyes Católicos, al Hermoso, a la Loca y al príncipe don Miguel, nieto de aquéllos.

Es el último templo alzado en España del estilo ojival florido, por lo que se torna paradigma decadente e híbrido dentro de su extraña y agazapada belleza, aspecto debido a poseer sólo una fachada en la que, precisamente, se abre una portada plateresca con tejadillo, trazada por García de Pradas en 1527. La iglesia tiene planta en cruz latina y coro al pie. La primera impresión que siente el visitante es de opresión, se halla en un mundo de rejas; la que divide el crucero y aísla los túmulos reales es del maestro Bartolomé de Jaén y fue forjada en 1520. Dentro del orden plateresco, esta pieza es la primera de España. Tras la reja, los monumentos funerarios en mármol de Carrara, maravillosamente trabajados y enrevesadamente complejos. El de los Reyes Católicos se hizo en Génova por Domingo Alejandro Fanceli en 1517 y se implantó en la capilla en 1522; el de Felipe y Juana es obra de Bartolomé Ordóñez, con fechas de 1519 y 1520, al respective. Junto a la baranda hay una escalerilla por la que se desciende a la cripta, sombría catacumba en la que, sobre poyetes, se encuentran los ataúdes de plomo. He aquí el resumen de una época apasionante y de sus intérpretes.

El templo alberga, aparte de los sepulcros, notabilísimos ejemplos italianos. La escalinata con pasamanos de mármol, obra de maese Florentino en 1521. El altar Mayor con el soberbio retablo de Felipe de Vigarny, realizado entre 1520 y 1522, conforme al gusto romano y decorado con columnas y adornos italianos. El altar de la pared izquierda del crucero, labor también de Jacobo Florentino (1523), posee pinturas de él mismo,

Pendones de los Reyes Católicos. Museo de la Capilla Real.

Corona, espada y cetro de los Reyes Católicos.

de Pedro Machuca el italianizante y el sensacional tríptico flamenco de Bouts. En el crucero, menos mal, hay dos altares de Alonso de Mena. Las figuras orantes de los Reyes Católicos, a los lados del altar mayor, parece que son de Siloé.

Museo de la Capilla Real

La Sacristía, cuya portada es del citado Jacobo Florentino, aloja desde 1946 al museo de la Capilla, colección que habría sido de las más interesantes del país si no la hubieran sangrado a lo largo del tiempo para alimentar otros museos, entre ellos el del Prado e incluso el Metropolitano de Nueva York y hasta oscuras colecciones particulares. Del caudal que aún mantiene destacamos las dos *figuras orantes de los Reyes Católicos* atribuidas a Vigarny. También las *tablas,* que pertenecieron a la Reina y que donó expresamente a la capilla y donde son verdaderas joyas las de Hans Memling, Perugino, Van der Weyden, Boticelli, Dierik Bouts, Berruguete, el Maestro de la Leyenda de Santa Lucía y algunas anónimas. También recoge el museo la corona y el cetro de Isabel la Católica, su arca de reliquias, uno de los espejos convertido en custodia y su misal, así como la espada de Fernando, dos guiones y dos banderas del ejército conquistador que el Rey donó a la capilla.

El coro contiene sillería gótica, ideada seguramente por Jacobo Florentino (1521), facistol de diseño *siloé* y libros corales con excelentes pinturas de Lorenzo Florentino y de su tocayo Lorenzo Pérez. La **sala Capitular,** vecina del coro, corresponde a la planta alta de la lonja de los Mercaderes, edificada entre 1518 y 1522 por García de Pradas, según esquemas de Enrique Egas. Es fábrica gótica con aliños platerescos y mantiene extraordinario artesonado en sus dos techumbres.

La Universidad árabe

c/ de los Oficios.
Se puede visitar en horas de oficina del Departamento de Extensión Cultural de la Universidad.

Enfrente está la ya citada **Madraza** o **casa de los Cabildos,** Universidad árabe fundada por Yusuf I en 1349 y en la que dictaron sus lecciones, entre otros, Almaccari, Ben Alfajar, Abul Bakarat, Aben Lope, Aben Vives, Aljatib y Ben Marzuc. No se ha confundido, es ese caserón barroco pintado al temple. Lo que ocurre es que los Reyes Católicos cedieron el edificio para casa de Cabildos en 1500 y, ya, comenzaron las obras, arreglos que se repitieron con afán renovador en 1554, 1626 y 1722, año al que equivale la obra actual y en el que se demolieron los pocos restos antiguos de manifestación hispanoárabe.

Plaza Bibrambla

Centro de la Ciudad.

Damos un esquinazo y seguimos la senda de **plaza de Bibrambla,** Zacatín y Alcaicería, el tópico turístico más concurrido después de los alcázares árabes. Cruzamos Reyes Católicos, por donde estuvo el puente de los Curtidores, y elegimos una u otra de las calles del Príncipe y de Salamanca, que ambas, con el recodo de Boabdil, conducen a la plaza del Arenal. Todas estas calles, pasajes y angosturas son un hervidero de tiendas, almacenes, baratillos y trampas de economato.

El oxígeno de estos laberintos es la plaza Bib-Rambla, Bibrrambla o Bibarrambla y cien ortografías más, pero que todas quieren expresar lo mismo, puerta de la Rambla o del Arenal. Es seguramente la única plaza granadina aún no mancillada groseramente por la piqueta y el mal gusto, aunque al cabo de tantas lluvias (se abrió al público, para *pasear y negociar*, en 1516) bien que aguantó transformaciones y retoques.

Los puestos de flores estuvieron siempre en la plaza de las Paciegas y los trajeron aquí cuando le aplicaron

Plaza de Bibarrambla.

el retiro a fray Luis de Granada (año 1940) y le hicieron portero de su convento de Santo Domingo, alzando en su lugar la fuente de los Gigantones. Esta fuente de Bibarrambla fue labrada en piedra de Sierra Elvira en el siglo XVII y consta de dos tazas, la inferior sostenida por los hombros de androides tetudos y la segunda entre dos pedestales, con fulanos esculpidos en los lados, y como remate, un repollo sobre el que mantiene el equilibrio, en mármol blanco, el Padre Neptuno.

La historia breve de la plaza nos la cuenta Gallego Burín: Bibarrambla «fue en su origen una pequeña explanada rectangular limitada en su lado mayor por la muralla que venía a la puerta Real paralela a la calle de los Mesones y con entrada por el arco de las Orejas».

Su ensanchamiento se disputó en 1495; en 1509 se comenzaron los trabajos; en 1513, doña Juana la Loca adquiere edificios para ampliarla más aún; en 1516 la obra marcha. Se construyen en la parte norte unos soportales y en ellos se instalan las escribanías de la ciudad. Se adaptan habitaciones para las aduanas de especias y de paños y cuadras para las ferias de caballos. Se levantan el hospital e iglesia de San Sebastián, por el gremio de comerciantes, los cuales se demuelen a mediados del XIX. Se instala una fuente «alta e insigne» (Marineo Sículo), admiración de propios y extraños, que se abate en el XIX. Bermúdez de Pedraza dice: «Tiene esta ciudad quatro plaças, la principal, la que sirue de teatro a las fiestas, y por ella fue celebrada de los Poetas, es la plaça de Bib-rambla. Aquí tiene la ciudad su mirador para las fiestas, y otro de balcones la Iglesia para su Cabildo». La casa de los Miradores a que alude Pedraza se hizo en 1556 sobre otra árabe y fue la primera casa de Cabildos de la capital. El edificio desapareció en 1879, pero esta vez a consecuencia de un incendio, no por mano devastadora.

La plaza de Bibarrambla fue escenario de todas las fiestas, desde las famosas del Santísimo Corpus Christi hasta los autos de fe, en los cuales ponía la mecha la Santísima Inquisición y, entre col y col (también fue mercado de hortalizas, por lo menos hasta 1837), los jolgorios de la acera de los Valientes, donde estaban las casas de lenocinio durante los siglos XVI y XVII y el reducto de los rufianes hasta el XVIII. Hoy es el lugar apacible de los jubilados, de los charlatanes, de los pasajeros, de los turistas sedientos o borrachines, de los gitanos betuneros y de los timadores. También es la trocha urgente de los atareados del Zacatín a Mesones y viceversa. Y es apacible esencialmente, acaso consecuencia de los árboles que la adornan que, como todo el mundo sabe, son tilos.

El Zacatín

➔ Centro de la ciudad.

ⓘ Eje comercial de Granada, con Mesones, Bibarrambla y la Alcaicería.

Desde la plaza del Arenal enganchamos **el Zacatín.** Esta rúa de los Ropavejeros, aparte de ser una de las veteranas calles granadinas, es famosísima; tanto que Zacatín se convirtió en sinónimo de lugar de mercaderes, de comerciantes. En ella y en su contorno, los árabes tenían talleres de curtidos, de tintorería (aprovechando las aguas del Darro), de volateros, de espartería, etcétera, que han dejado rastros en nombres de callejuelas y travesías. Además, en el Zacatín los moros vendían tejidos y ropas, zapatos, guantes, tocas y lencerías, calzas y medias calzas, joyería, objetos de regalo y perfumes; es decir, lo mismo que ahora y después de cinco siglos, exactamente lo mismo.

A mitad del Zacatín se abre un arco de ladrillo con texto en cerámica de Fajalauza: Alcaicería. Mercado de Artesanía. Este recinto con entradas sin cierre produce en el visitante una impresión bastante sospechosa: falso. Sensación incrementada por el aspecto vivo, multicolor y reciente de las tiendas de artesanía y de su aire de zoco. Sin embargo, la Alcaicería es vieja de muchos siglos, aunque no la actual edificación. El nombre de Alcaicería, que los españoles tomaron directamente de los árabes, significa lonja de los mercaderes. Gómez-Moreno (el padre), siguiendo a Hurtado de Mendoza y a Mármol dice que, etimológicamente, *alcaicería* es casa del César, de Al Cayzar, que es como le llaman. «Y ello, porque el emperador Justino» continúa Gómez-Moreno, «concedió a los árabes scenitas el privilegio de criar y beneficiar la seda, y ellos dieron tal nombre a los lugares en que se expedía, de modo que hay Alcaicerías en muchas ciudades africanas y en algunas de Andalucía, entre las cuales ésta de Granada fue la más célebre, no menos que sus riquísimos tejidos de seda». Marineo Sículo, a comienzos del XVI, la describía así: «Son casi doscientas tiendas formando una pequeña ciudad de muchas callejuelas y diez puertas». Andrea Navagiero (estuvo en Granada en 1525) cuenta que «es un sitio cerrado entre dos puertas de tiendas, en donde se ven moriscos vendiendo sedas, e infinitas labores de diversas formas y variedad de objetos». Todo aquel laberinto desapareció la noche del 19 de julio de 1843, en un incendio que se inició en un taller de fósforos de cartón, los primeros «mixtos» granadinos.

La Alcaicería.

Plaza de la Universidad

Cruzamos ante la fachada de la catedral y enfilamos la calle de San Jerónimo después de doblar el pie de la Torre.

La **plaza de la Universidad,** donde justamente estuvo la puerta árabe **Alriha,** o del Molino, es polo hoy de un complejo interesante de edificios y templos. La **Universidad** es creación de Carlos I, año de 1526, y se le concedió los mismos privilegios que a las de Bolonia, París, Alcalá y Salamanca. Ocupa las habitaciones del **colegio de San Pablo de la Compañía de Jesús,** al que perteneció igualmente la **colegiata** o **iglesia de San Justo y Pastor** (así se llama en Granada, desposeyendo al segundo de su título de santidad). Hoy es sede de la facultad de Derecho.

Actual facultad de Derecho; fue la antigua Universidad Literaria, creada por Carlos I en 1526.

La Colegiata

Plaza de la Universidad.

Visita en horario de culto.

La **iglesia de los Santos Justo y Pastor** perteneció al colegio de los Jesuitas, como acabamos de decir, y es obra del arquitecto Martín de Baceta, S. J., comenzándose a elevar entre 1575 y 1589, trabajos que continuó el maestro mayor de la Compañía, padre Sánchez, y el maestro cantero de la misma Compañía, padre Romero. La colegiata guarda obras de los artistas granadinos Alonso de Mena, José de Mora y Ruiz del Peral en cuanto a esculturas; y de Bocanegra, Juan de Sevilla, Rodríguez Blanes, Juan Leandro de la Fuente y buen *San Ignacio* de Jerónimo de Rueda, el maestro de la *Inmaculada,* de Cúllar Vega. Fue erigida parroquial en 1501, se situó junto al aljibe y mezquita de Majadalbecy, pero sobre el solar que cubre hoy el convento de la Encarnación, de monjas clarisas, fundado en 1524, enfrente de la colegiata. Junto a la iglesia de los Santos Justo y Pastor se halla el **Real Colegio Mayor Universitario de San Bartolomé y Santiago,** consecuencia de dos fundaciones del XVII, aunque el edificio es anterior, del siglo XVI.

Bajando San Jerónimo, a la derecha, está el **palacio de Caicedo,** antigua facultad de Farmacia, obra renacentista actualmente Conservatorio de Música; y a su vera, el **palacio de los Ansoti,** magnífica residencia en la que está ubicado el Colegio Notarial. Más abajo y en el esquinazo con Gran Capitán, la **iglesia de San Felipe de Neri,** el santuario del Perpetuo Socorro o **casa de los Redentoristas.** Se hizo en el XVII según proyecto del maestro Aguirre.

San Jerónimo

A muy pocos pasos y en Gran Capitán tenemos el **monasterio e iglesia de San Jerónimo,** fundación de los Reyes Católicos, obra iniciada en los primeros años del XVI que, desde 1513, trabajó el maestro Jacobo Florentino y casi terminó Diego de Siloé hacia 1543, aunque ya en estos años intervino el nieto de Gonzalo Fernández de Córdoba. En 1552 se trasladaron al templo los restos del Gran Capitán y de su esposa, donde teóricamente reposan, pues los franceses, repitiendo su *hazaña* de la capilla Real, deshicieron el monasterio hasta las raíces. «En 1570 se hicieron rejas, retablo mayor, etcétera, y se enriquecieron con espléndidas dotaciones, que permitieron alhajarla con gran suntuosidad, perdidas durante la invasión francesa y más tarde la desamortización completó este despojo, convirtiendo el monasterio en cuartel y dejando la iglesia en el mayor abandono, hasta que el Estado español, para evitar su ruina, procedió a restaurarla de 1916 a 1920, salvándola de la desaparición», escribe Gallego Burín. La iglesia se trazó según cánones góticos, pero Florentino y Siloé la desviaron hacia el Renacimiento, rematando un magnífico ejemplar de este carácter. La torre, obra de Siloé, la desmontaron los invasores franceses con su aparejador Sebastiani y con sus piedras construyeron el puente Verde, allá por el Salón, como ya escribimos antes. Ha sido recientemente edificada según la imagen de 1565.

Compás de San Jerónimo; entrada por c/ del Rector López Angüeta.

5.

De 10 a 13 y de 16 a 19.

Sepulcro del Gran Capitán.

Cúpula de la iglesia Real de San Jerónimo.

El interior de la iglesia es soberbio, todo ello de mano maestra de Florentino y Siloé. El retablo de la capilla Mayor, labor abocetada por Juan de Aragón, sufrió enmiendas de Pesquera y Lázaro de Velasco en 1573, hallándose trabajos en él de Juan Bautista Vázquez y Pablo Rojas; seguidamente toman la obra Pedro de Orea, Diego de Navas como entallador, Bernabé de Gaviría como escultor y Pedro de Raxis como pintor. La sillería del coro, en nogal, se debe a Siloé, quien la ejecutó en 1544, dotándola de notables relieves.

En el arranque del altar Mayor hay una losa cuyo epitafio dice, traducido a romance, más o menos: «Los huesos de Gonzalo Fernández de Córdoba, que con su valor se apropió el nombre de Gran Capitán, están confiados a esta sepultura hasta que al fin sean restituidos a la luz perpetua». Su gloria no quedó sepultada con él. Los franceses, a los que gloria y hazañas del Gran Capitán les caían bien mal, mancillaron la tumba, restituyendo a la luz perpetua sus cenizas, convirtiendo el templo en caballeriza y pisoteando ingenuamente el recuerdo de sus derrotas. Sin embargo, lo que son las cosas, la lápida quedó ahí, para más escarnio.

El monasterio de San Jerónimo es igualmente muy interesante y de gran valor arquitectónico, pues en él se dan hábilmente combinados los valores gótico, renacentista y morisco. Sumamente valioso es el artesonado mudéjar de la escalera.

San Juan de Dios

c/ de San Juan de Dios.

5.

Visita en horario de culto.

Sepulcro de San Juan de Dios.

Regresando hacia la calle de San Juan de Dios y esquina a la de López Argüeta, encontramos el **hospital San Juan de Dios,** el hospital del apóstol de la caridad nacido en Portugal y muerto en Granada después de una aventura sobrecogedora en favor de los pobres y de los enfermos. *El Loco de Dios* fue glorificado en 1699.

Junto al hospital, la iglesia, complicado edificio del XVIII. «El interior del templo» escribe Gallego Burín, «ofrece un conjunto de deslumbradora riqueza, ocupando la capilla Mayor un rumboso retablo churrigueresco de Francisco Guerrero». La iglesia, con perdón sea dicho, es un inaguantable dolor de cabeza. Y un muestrario abrumador de mármoles, cobres, cristales iluminados a la italiana, dorados, maderas, espejos, plata, piedra y todo lo imaginable. En el camarín y aledaños se conservan los restos de san Juan de Dios, el capacho que usaba

Cúpula de la iglesia de San Juan de Dios.

para recoger las limosnas, el bastón y una carta autógrafa firmada con su acostumbrada fórmula de *fray Cero.*

La calle de San Juan de Dios nos lleva al **Triunfo.**

El Triunfo

El **Campo del Triunfo,** donde comienza la calle de San Juan de Dios y donde confluye con la Gran Vía de Colón, era una explanada que unía el arco de Elvira con las tapias y huertas de Capuchinos, pero que ha quedado parcelada actualmente, llamándose **plaza del Triunfo** desde la anchura de la Tinajilla y fuente del Triunfo al solar ajardinado que ocupó la plaza de toros vieja. En la zona tenemos distintos edificios modernos: la escuela Normal de Maestros, el instituto Padre Suárez y la delegación de Hacienda.

Detrás de la escuela Normal se halla una columna truncada por ridícula cruz de hierro que recuerda que en aquel lugar, el 25 de mayo de 1831, fue ejecutada **Mariana Pineda.** La cruz tuvo un letrero que explicaba, entre otras cosas, lo siguiente: «... fue sacrificada en este sitio destinado al suplicio de los crímenes, la joven

Mariana Pineda, porque anhelaba la libertad de la Patria. El Ayuntamiento Constitucional y Audiencia Territorial dispusieron, en 1840, que en memoria de tan ilustre víctima se colocase en este lugar el sagrado signo de nuestra Santa Religión y que no se volvieran a hacer ejecuciones en él».

Los **jardines del Triunfo,** que preside el monumento a la Inmaculada Concepción o **Virgen del Triunfo,** lo que dio nombre a la zona, se instalaron en 1955. La columna mariana, obra de Alonso de Mena y Francisco Potes, realizada entre 1626 y 1630, es memoria del voto solemne en defensa del dogma de la Concepción que hizo la ciudad y el cabildo en 1618.

La columna estuvo antes donde ahora existen dependencias de la escuela Normal, junto a la de Mariana Pineda, y en su reja, hecha entre 1630 y 1638, alumbraban faroles costeados por las familias más importantes del municipio, de los cuales quedan cuatro, no originales, y alimentados con luz eléctrica. Una de las farolas se instaló en 1670 para que ardiera perpetuamente en oblación por haber recobrado la salud Carlos II, quien, naturalmente, no recobró nada y el farol se apagó. De entonces es la copla que dice:

A la entrada de Granada,
calle de los Herradores,
está la Virgen del Triunfo,
con veinticinco faroles.

Hospital Real

Plaza del Triunfo.
7, 16 y 17.
Visita en horario de oficina del Rectorado de la Universidad.
€€

A espaldas del monumento a la Inmaculada se encuentra el **hospital Real,** fundado por los Reyes Católicos en 1503 para atención de enfermos pobres, peregrinos y heridos, que tuvieron albergue en la Alhambra, y los locos e inocentes incorporados más tarde por Carlos I. Hoy, desalojados sus anteriores inquilinos y tras inteligente restauración «que ha permitido recobrar en sus líneas más puras el primitivo proyecto», dice Concepción Félez, el edificio ha sido puesto en manos de la Universidad de Granada como sede del Rectorado, de la Biblioteca Central universitaria y lugar de encuentros y exposiciones culturales. La obra se comenzó en 1511 bajo idea y dirección de Enrique Egas, que siguió García de Pradas. La fachada, con ventanas platerescas, posee una colosal portada de piedra, labrada en 1632, con imágenes de Alonso de Mena.

Sanctasanctórum del monasterio de Cartuja.

Los patios son formidables, las naves altas, con magníficos artesonados mudéjares, servían a la par de iglesia, pues los enfermos podían ver el altar mayor, situado en el crucero. Son muy interesantes el artesonado de la escalera del patio de los mármoles y la galería exterior de Convalecientes, que se ve desde los jardines del Triunfo.

Monasterio de Cartuja

Si caminamos por la calle Real, después de cruzar la carretera de Murcia, está el **monasterio de Cartuja** o Cartuja la Vieja, fundación del Gran Capitán, Gonzalo Fernández de Córdoba, que data de 1495. En principio se pensó en las cimas de Ainadamar, pero al fin se construyó en el sitio actual y se entregó a la Orden cartujana en 1545. Del viejo monasterio sólo se conserva un patio, el resto pertenece al siglo XVII. La Cartuja granadina es famosísima por su *locura barroca*, en la que intervinieron Joaquín Hermoso, el lego José Manuel Vázquez, Antonio Palomino, Risueño y, sobre todos, Francisco Hurtado Izquierdo, que puso todas sus guarniciones churriguerescas en el *sanctasanctórum*. Además de lo mencionado, son interesantes las pinturas de Sánchez Cotán, de Bocanegra y de Morales, y las tallas de José de Mora (maravilloso su *San Bruno*), Risueño y una *Inmaculada* de alabastro, en la sacristía.

Carretera de Alfacar.

5, 7, 12, 16 y 17.

VI. De Puerta Real a Puerta Real

Puerta Real, rincón que fue de vagos y facinerosos y ama de leche merengada, es la meta de partida de tres pistas con mucha miga: el *tontódromo*, caminata inagotable de los trilladores de ocio, con parada y salve a la Virgen que está en la Carrera, la patrona de Granada; la *gran vía del farol,* que lleva a los abrevaderos de la modernidad, y la *vereda de los catetos* en su búsqueda ciega de trajes de novia, de médicos especialistas y de casas de comidas con menú de cien duros. Puerta Real es el foco de la ciudad moderna y esos carriles que decimos, acera del Casino, calle de Recogidas y calle de Mesones, son los rayos luminosos de la ramplonería, de lo nuevo bullicioso y de la rutina de siempre con tintes silvestres.

Pero volvemos a prevenir, el que avisa no es traidor: esta Granada moderna, aunque participa de la ecuménica torpeza arquitectónica actual, mantiene por la gracia del dios Urbano, que no por la de los semidioses municipales, bastantes ejemplos de esa Granada castiza engendrada por variopintas culturas y adoptada por la situación geográfica y su clima. Y nos repetimos al recordar los mestizajes y amasijos de todo tipo en su configuración ciudadana, pues son vecinos el alcázar Genil, palacete del XIV mandado construir por Yusuf I, y la Huerta de San Vicente, residencia última de Federico García Lorca; el morabito de San Sebastián, ejemplar único de ese tipo de construcciones musulmanas, y la basílica de la Virgen de las Angustias; el convento de las madres Agustinas, que peregrinó desde el Albayzín a la calle de Gracia, pasando por la calle de Elvira, y el palacio de las Columnas, obra del XIX. Prueba de su versatilidad, en este caso humana, es que son hijos del lugar tanto Eugenia de Montijo como Martínez de la Rosa, y vecinos por un tiempo tanto Luis de Góngora y Argote como el general Riego.

Desde la plaza del Carmen a Puerta Real hay veinte pasos mal contados, un semáforo sin fronteras y el sinfín de transeúntes de cualquier nacionalidad. **Puerta Real** es una enorme plaza irregular que consta de dos grandes aceras que se llaman del Darro y del Casino, con lo que se plantea el dilema de que Puerta Real no existe o comprende exclusivamente el meollito frente al edificio de Correos, como muestran los callejeros. Esta extraña explanada sin nombre, corazón palpitante del mundo urbano, es realmente la cuenca de un río,

Ermita de San Sebastián.

Gran Vía de Colón
Catedral
Plaza de Isabel la Católica
Reyes Católicos
Colegiata
C. de San Jerónimo
Plaza Bib-Rambla
Plaza del Carmen
Facultad de Derecho
C. los Mesones
Puerta Real
C. Alhóndiga
C. de Puentezuelas
Carril del Picón
C. Verónica de la Magdalena
C. San Miguel Alta
Callejón de Nevot
Plaza de Gracia
Casillas dePrats
C. Pedro Antonio de Alarcón
Camino de Ronda
Camino de Purchil
1
2
3
4
5
6
7
8
9
12

DE LA PUERTA REAL
A LA PUERTA REAL
1. Acera del Casino.
2. Calle de los Mesones.
3. Plaza de la Trinidad.
4. Jardín Botánico.
5. Plaza de los Lobos.
6. Convento de la Piedad.
7. Iglesia de la Magdalena.
8. Palacio de las Columnas.
9. La Redonda.
10. Alcázar Genil.
11. Morabito árabe.
12. Seminario de Gracia.
13. Convento de San Antón.
14. Las Arrecogías.
de San Matías
Plaza de
Mariana Pineda
gel Ganivet
Carrera del Genil
Acera del Darro
C. de San Antón
C. San José Baja
C. Mulhacén
C. Tejeiro
C. de Alhamar
C. Manuel de Falla
Paseo de San Sebastián
Paseo del Violón
Río Genil
11
10
9
9
Huerta de
San Vicente

el Darro, vergonzantemente cubierto con adoquines, autobuses y taxis. Los dos polos de la hipérbola los ocupan la **fuente de las Batallas** y un guardia municipal, y el centro, una maravillosa anarquía circulatoria. En estos días se termina un aparcamiento subterráneo, pared con pared de la corriente abovedada del Darro.

Acera del Casino

La **acera del Casino,** a mano izquierda según se baja desde la plaza del Carmen, ha sido durante largos años el famoso *tontódromo* o atajo de exhibición en el peregrinaje a la Virgen de las Angustias. Hoy, la cancha ha perdido todo su antiguo esplendor. El paseo se anima, sin embargo, a la salida de las sesiones del teatro-cine Isabel la Católica. La otra banda, la acera del Darro, tiene distinta personalidad porque por ella caminan, se detienen, chalanean y estorban cientos de personas; además es la pata larga del invento, pues se prolonga hasta las mismas aguas del Genil, siempre por el lomo del Darro.

Calle de los Mesones

Tomamos la **calle de Mesones,** a la que don Luis Seco de Lucena puso Poeta Zorrilla hace casi un siglo pero nadie sabía que ése era su nombre, ni falta que hizo. La **calle de Mesones** es una explosión vital casi tan abrumadora como el Zacatín. De ella comentaba Francisco Henríquez de Jorquera (finales del XVI): «La

Calle de Mesones.

Puerta Real.

calle principal de los mesones es de las más nombradas y de grandes concursos por estar en lo más poblado y llano de la ciudad y por muchos forasteros, trajinantes y jarrieros que a sus muchas posadas acuden y por tener en su comedio la grande Alhóndiga del trigo, cebada y otras semillas». Bueno, pues así sigue, ni más ni menos. Tiendas, tiendas, tiendas. De las posadas, que a finales del siglo pasado sumaban más de treinta, no queda ni una y las últimas han desaparecido en estos diez años. La gran Alhóndiga del trigo se ha convertido en la calle Alhóndiga y en un arsenal mercantil, tan meticulosamente aprovechado, que raro sería no encontrar un portal con los artículos y mercancías más extraños, curiosos y olvidados.

Plaza de la Trinidad

La **plaza de la Trinidad,** para mi pobre gusto, es la más hermosa y condicionada de Granada, aunque la piqueta y el ritmo constructor han manipulado dos de sus laterales. Pero el recinto, quizá por el personal que lo usufructúa, quizá por esa tan distinta luz, man- ε tiene su gracia. En la plaza de la Trinidad, antes, eran frecuentes los charlatanes que vendían duros a cuatro pesetas; cortes de trajes, hasta cinco, por mil pesetas; pavos de los montes, por una miseria, y saladillas a tres *chicas*. La plaza de la Trinidad la riegan todas las mañanas para que el hombre de las macetas pueda colocar limpiamente sus aspidistras y sus helechos y para que el dormilón resuelva una siesta de tres horas entre la frescura de las plantas. Espectáculo que se torna universitario si gira la mirada hacia la calleja de la Trinidad, aspirador poderoso de intelectuales y pasadizo urgente de cargadores.

Al final de la calle Duquesa, por entre el **jardín Botánico** y la Policía, se desemboca en el Compás de San Jerónimo, donde anduvimos hace algunas páginas.

Plaza de los Lobos

Muy cerca de estos lugares se halla la **plaza de los Lobos,** que hasta hace poco no se llamaba así, sino plaza de Rull y Godínez. La han adecentado recientemente, pero sólo dos tercios de ella son paseo público, pues el resto es aparcamiento de la Policía.

Una de las fachadas corresponde al **convento de la Piedad,** de las madres Dominicas, fundado por la duquesa de Sesa, nieta del Gran Capitán, en 1588. El edificio es obra muy sencilla y en su interior, con aire recoleto de rejas y celosías, conservan las monjas obras de Diego de Mora, Pablo de Rojas y Alonso de Mena. Algo más abajo, en el esquinazo, se halla el oratorio de la Misericordia, construido en 1549 en unión del mismo nombre.

Jorquera hace el elogio de la plaza y explica el porqué de su viejo nombre: «Llámanla de los Lobos porque en una casa de ella, habitación de un gran señor de ganado, en una torre de la dicha casa hay muchas cabezas de lobos clavadas, de las que matan sus ganaderos, que parece es la causa del suplicio de estos animales».

La Magdalena

En el **carril del Picón** confluye la calle de **Puentezuelas,** que nos ha seguido paralelamente en nuestro recorrido. Este es el fidelísimo barrio de la Magdalena, trazado en tiempos cristianos y uniformemente acuarte-

Casa en la que nació Eugenia de Montijo. Calle de Gracia.

c/ de Gracia.

Visita en horario de culto.

lado, según una orden, pero con calles tan estrechas que los automóviles se las ven y se las desean para maniobrar convenientemente. Su centro espiritual –la zona ha producido verdaderas estirpes de beaterio–, es la **iglesia de la Magdalena.** La **iglesia** y **convento de las madres Agustinas,** después de un largo recorrido que comenzó en el Albayzín, pasando por la calle de Elvira, vinieron a asentarse en este lugar de Gracia (la calle se llama así) en 1677. Excepto la fachada, de sillería y con tres arcos barrocos, el templo se hizo con ladrillo dispuesto en fajas y tejas coloreadas, que dan pintoresco aspecto al conjunto. Como la catedral, el templo fue blanqueado acaso con la intención de dorarlo, como así han sido algunos de sus adornos.

La cúpula, de recias nervaduras, es muy hermosa. La iglesia, convertida en parroquial a mediados del XIX (al fin encontramos una iglesia que no se erigió en parroquia en 1501), es poseedora de buenas obras artísticas, como el monumental cuadro del altar Mayor, obra de Juan de Sevilla y un *San Nicolás,* también de él; pinturas, igualmente interesantes, de Pedro Atanasio Bocanegra y Domingo Echevarría, el conocido Chavarito. Imágenes de Diego de Mora, Pedro de Mena, Alonso de Mena y José de Mora, obras muy representativas de estas dos familias de escultores granadinos.

En cambio, el **convento de las madres Agustinas** ofrece poco interés, aunque encierra tallas tan importantes como las del templo y de los mismos autores y dos pequeñas vírgenes góticas. La calle de Gracia, por su mismo nombre quizá, ha sido cuna o albergue de personajes destacados y, por ilustrar con ejemplos, diremos que en ella nació, en el número 12, **Eugenia de Montijo** y que en ella vivió, mientras estuvo en Granada, don **Luis de Góngora y Argote,** contagiando a la afición con sus *gongorismos:* así se advirtió en poetas locales como **Soto de Rojas,** el canónigo de Albayzín y su *Paraíso cerrado;* **Álvaro Cubillo de Aragón,** que por cierto también vivió junto a la calle de Gracia; **Sebastián de Gadea** y, en alguna medida, a los más recientes, como **Martínez Durán** y **García Lorca.**

Siguiendo Puentezuelas abajo, ya en el final, se encuentra el **palacio del Conde de Luque,** el **palacio de las Columnas** que se dice obra del XIX y, frente a este edificio, la **casa-palacio del Conde de las Infantas,** auténtico museo del que podemos destacar una *Purísima* de Alonso Cano, un retrato de Pedro de Moya, dos bellísimas estatuillas de *Adán y Eva* del Greco que encontró el conde en el Rastro madrileño y que, parece, andan hoy en el museo del Prado, y otras valiosas obras de arte. Es muy notable la colección de armas. En la calle de las Tablas, a la que dan las fachadas de los citados palacios, nació **Francisco Martínez de la Rosa,** «ilustre patricio, gloria literaria y política de Granada», como reza la lápida colocada sobre la puerta de la casa número 19.

La Redonda

Desde la plaza del Gran Capitán, donde hace apenas diez años terminaba el ajetreo de la ciudad, se sale enseguida a la Redonda, ampliación moderna que ha malbaratado y cubierto de cemento los mejores terrenos de la Vega y que, con sus murallas urbanas, ha entorpecido las vistas más prodigiosas de la capital nazarita. A los viajeros que llegan desde la costa o desde los caminos históricos de la última frontera se les hace difícil apreciar el valor geográfico de la población tras ese paredón absurdo de las nuevas barriadas. La anterior avenida del Almirante Carrero Blanco es conocida indistintamente como **camino de Ronda, de la Redonda** (el de más arraigo) y de la Rotonda, y naturalmente es la calle menos personal de Granada. Sin embargo, la Redonda ha asumido un ambiente comercial muy característico, el de los talleres, el de industrias de menor cuantía, el de los almacenes, etcétera, y el de las pensiones y habitaciones para estudiantes. De ahí que, en los bares, numerosísimos, el personal posea un cierto tono internacional; árabes, sudamericanos, europeos y *castrojos* (pueblerinos típicos del país). Muchos de los vecinos de la Redonda son gentes emigradas de la provincia e incluso de provincias limítrofes, a la ciudad universitaria, lo que hace muy complejo definir la población del lugar, pero ha producido una línea divisoria entre la Granada *de siempre* y la nueva.

Alcázar Genil

La Redonda va de río a río, si apreciamos como río al desaparecido Beiro y si, efectivamente, consideramos como meta el Genil; y de hito a hito, curiosamente, dos de los monumentos más antiguos de Granada: el cristiano **hospital de San Lázaro,** por un lado, creado a raíz de la conquista y el **alcázar Genil,** por el otro. Este palacio, del que dice Gómez-Moreno «que hace algunos años sufrió una restauración, en la que desgraciadamente no presidió el mejor criterio arqueológico; entonces se renovaron varios adornos y se limpiaron los antiguos, que descubren su color primitivo, rehiciéronse completamente el arco de entrada con sus hojas de madera, las columnas, la decoración de las alcobas y sus ventanas, que fueron añadidas a capricho, así como las casas que se descubren a ambos lados del edificio y posteriormente ha sido arrancado el antiguo e interesante pavimento de ladrillos hexagonales, alternado con triangulillos y cuadrados blancos y azules, para poder en su lugar losas de mármol y a la vez añadieron el desdichado templete que decora la puerta».

Paseo del Violón (carretera de Armilla).
10, 11.
Cerrado al público.

Alcázar Genil.

Paseo del Violón.
Discrecional.

El edificio, que estaba rodeado de una soberbia huerta, se conocía en el siglo XVI como el Jardín de la Reina, porque perteneció a las sultanas nazaritas y precisamente Moraima fue quien lo vendió a los Reyes Católicos. Es obra del siglo XIV en sus comienzos y Jusuf I hizo que fuese decorado con extraordinaria suntuosidad y gusto exquisito.

Hoy el alcázar de Genil ha quedado encerrado por los colosos protegidos de la nueva arquitectura.

A pocos metros, junto a la Ribera del Violón, se conserva aún el único **morabito** de la cultura **árabe** nazarita. «Fue rábita musulmana y merece gran estima por su conservación perfecta», dice Gómez-Moreno. «Su cúpula que originariamente era visible al exterior» añade Gallego Burín, «queda hoy oculta por un tejado añadido modernamente, así como la espadaña para la campana. Los muros son de argamasa y da entrada al edificio un arco de herradura apuntado, inscrito en recuadro de ladrillo». La ermita musulmana fue consagrada por los castellanos a los santos Fabián y Sebastián, lo que la salvó de su destrucción. En una de sus fachadas existe una placa que recuerda, con abundantes errores, que en aquel sitio el rey Boabdil entregó las llaves de la ciudad a los Reyes Católicos.

Al otro lado de la Redonda o camino de Ronda se halla la últimamente famosa **huerta de San Vicente,** de la familia García Lorca y en la que Federico pasaba temporadas de descanso y de la que salió camino de

Cúpula del morabito de San Sebastián.

Casa-museo de García Lorca en la huerta de San Vicente.

la casa del poeta Luis Rosales y de allí a la sede del Gobierno Civil, para continuar al camino de la fuente Grande en Víznar, de donde no regresaría.

Seminario de Gracia

Entrando por el lateral oeste de Recogidas, calle del Solarillo de Gracia, desembocamos en la **plaza de Gracia,** donde se halla el **seminario de San Cecilio,** antiguo convento de Nuestra Señora de Gracia, fundación de los trinitarios descalzos, año de 1612, después de muerto el arzobispo Pedro de Castro, quien les tenía puesta la proa. Durante la exclaustración fue casa de vecinos y almacenes de forraje, hasta que en 1888 el arzobispo Monzón lo adquirió para seminario Conciliar. La iglesia, que es muy simple, mantiene poca obra artística del gran caudal que reunió antes de la Desamortización de Mendizábal. La calle de Recogidas se inicia con dos instituciones representativas de la vieja Gra-

Plaza de Gracia.
6, 10.
Visita en horario de culto.

nada: el **convento de San Antón** y el beaterio de Santa María Egipciaca. El convento estuvo, desde su fundación en 1534, en la ribera del Genil, cerca del puente Verde, hasta comienzos del XVII, en que se trasladó a este lugar. La iglesia se comenzó a edificar algo más tarde. Es de ladrillo, con interior amplio en forma de cruz latina y diez capillas laterales. El crucero lo corona una cúpula churrigueresca, obsesiva. El templo atesora muy buenos ejemplos del arte granadino con imágenes de Diego de Mora, Alonso de Mena y su hijo Pedro, una *Purísima* muy bella de la escuela de Alonso Cano, entre otros, y pinturas de Juan de Sevilla, Domingo Guerra, taller de Raxis, Bocanegra... El convento, con clarísimo patio rodeado de galerías, mantiene una buena colección de esculturas y lienzos, entre los que podemos destacar las tallas de Rojas, Alonso de Mena y José de Mora y las pinturas de Bocanegra. Entre la **iglesia de San Antón,** a la que los granadinos dispensan una asiduidad notable, quizá porque los bares, las cafeterías y el paseo caen *a la salida de misa,* y el **beaterio de Santa María Egipciaca,** se debate la sombra del **general Riego,** quien vivió por estos predios en 1822.

Las *Arrecogías*

c/ de las Recogidas.
Discrecional.
Prisión de Mariana de Pineda.

El **beaterio de Santa María Egipciaca,** o de las Recogidas, las *Arrecogías* que dicen y ha hecho famosas José Martín Recuerda en su drama sobre Mariana Pineda, es fundación del arzobispo don Pedro de Castro Cabeza de Vaca y Quiñones (1595).

En el beaterio de las *Arrecogías* estuvo detenida durante el desarrollo del proceso y antes de pasar a la cárcel de la calle de la Cárcel, doña Mariana Pineda, de 26 años, viuda, muy hermosa y desgraciadísima *heroína de la Libertad.* La *Gaceta de Madrid,* único periódico autorizado por el absolutismo gubernamental, daba la noticia de su muerte en estos términos: «El día 26 de mayo último sufrió en Granada la pena de muerte doña Mariana Pineda, vecina de aquella ciudad. Sorprendida su casa por la policía el 13 de marzo próximo anterior, se encontraba en ella una bandera revolucionaria a medio bordar y varios objetos análogos; y empezadas las diligencias por la policía y seguida la causa por el Tribunal con toda actividad, el delito de doña Mariana Pineda ha sido probado plenísimamente. Si aún son más dolorosos estos castigos en las mujeres que en los hombres, no por ello dejan de ser tan precisos para el escarmiento, especialmente después que los revolucionarios han adoptado la táctica villana de tomar por instrumentos y por escudos en sus locos intentos al sexo menos cauto y más capaz de intentar la ajena compasión. Toda la Península goza de perfecta salud». El texto, aparecido el 7 de junio de 1831, no necesita comentario.

Terminamos este paseo precisamente en el inicio de la calle de las Recogidas, justo donde lo empezamos.

Mariana de Pineda escucha la sentencia de muerte.

III. RUTAS POR LA PROVINCIA DE GRANADA

Ya se sabe, los alrededores de Granada son la misma Granada. De ahí que la visita a la ciudad se convierta en pequeñas excursiones a lugares presididos por el esplendor de la naturaleza. Pero los alrededores de los alrededores, al otro lado de los monumentos y del trajín metropolitano, son un poderoso conjunto de paisajes que van desde la alta montaña de las hierbas de olor a las parameras de la sal; desde las fértiles vegas, los otros jardines de la ciudad, a las espesuras de los pinos, insospechadas en estas latitudes. Todo ello humanizado por pequeños pueblos de cariz morisco cuyo centro comercial es Granada, tan próxima. A estos parajes se llega en pocos minutos y por eso señalamos unas rutas de corta duración.

En cambio, la provincia de Granada requiere más tiempo y tiento. Primero, porque es un territorio administrativo realmente disparatado (ya indicábamos en otro lugar que, de Norte a Sur, sobrepasa los 300 km). Segundo, porque la diversidad de su geografía es apabullante y junto a las alturas máximas de la península se encuentran las hoyas más desérticas. Tercero, porque esa heterogeneidad geográfica ha calado en las gentes y en sus costumbres y así barajamos los poblados trogloditas del Norte con las urbanizaciones modernas de la Costa, el ambiente medieval de las Alpujarras con el ritmo contemporáneo de Sierra Nevada. Y recorremos el erial, la lujuria del trópico, la nieve, los campos de hierro y estroncio, las aguas bravas y el silencio del olvido. Y, de manos de la Historia, visitamos los asentamientos argáricos, primeras viviendas estables del hombre; las lindes ibéricas con sus permanentes ofrendas arqueológicas; las vías romanas y sus estancias con calidad de municipios; los distritos árabes y sus fortalezas y, especialmente, la última frontera arábigo-granadina, resumen apasionante de una aventura histórica que alentó la unidad de España y aniquiló una cultura verdaderamente española.

Visitar Alhama, Loja, Guadix, Baza, las Alpujarras, la Costa, es conocer un mundo exótico, por distinto, en el que se amalgaman los más dispares hechos históricos con las señas monumentales más distintas. Algunas son rutas de un día, algunas exigen la pernocta, pero el viajero no se sentirá defraudado en ningún momento. Y, de seguro, descubrirá una imagen insólita de España.

Barranco de Poqueira en la Alpujarra Alta.

MAPA DE LA PROVINCIA DE GRANADA
Monasterio.
Parador Nacional.
Iglesia importante.
Ruinas históricas.
Plaza.
Monumento.
Castillo.
Deportes de Nieve.
Palacio.
Sitio natural.
Camping.
JAÉN
CÓRDOBA
MÁLAGA
Guadahortun
Piñar
Mor
Iznalloz
Sierra Harana
Darro
Sierra de Cogollos
Moclín
Emb. de Iznájar
Algarinejo
Montefrío
Illora
Pinos Puente
Cogollos Vega
Alfacar
Tocón
Lug
Fuente Vaqueros
Genil
Albolote
Vega de Granada
LOJA
GRANADA
Riofrío
Salar
Chimeneas
Santa Fe
Huétor
Güéjar - Sierra
Vega
Monachil
Mulhacén 3.482
Malá
Zubia
Veleta 3.398
ALHAMA DE GRANADA
Cacín
Agrón
Padul
SIERRA NEVADA
Trevélez
Emb. de Los Bermejales
Capileira
Pitres
Lanjarón
Béznar
ÓRJIVA
Sierra de Almijara
Guadalfeo
Las Alpuja
Vélez de Benaudalla
MOTRIL
Almuñécar
Salobreña
Castell de Ferro
Mar Mediterr

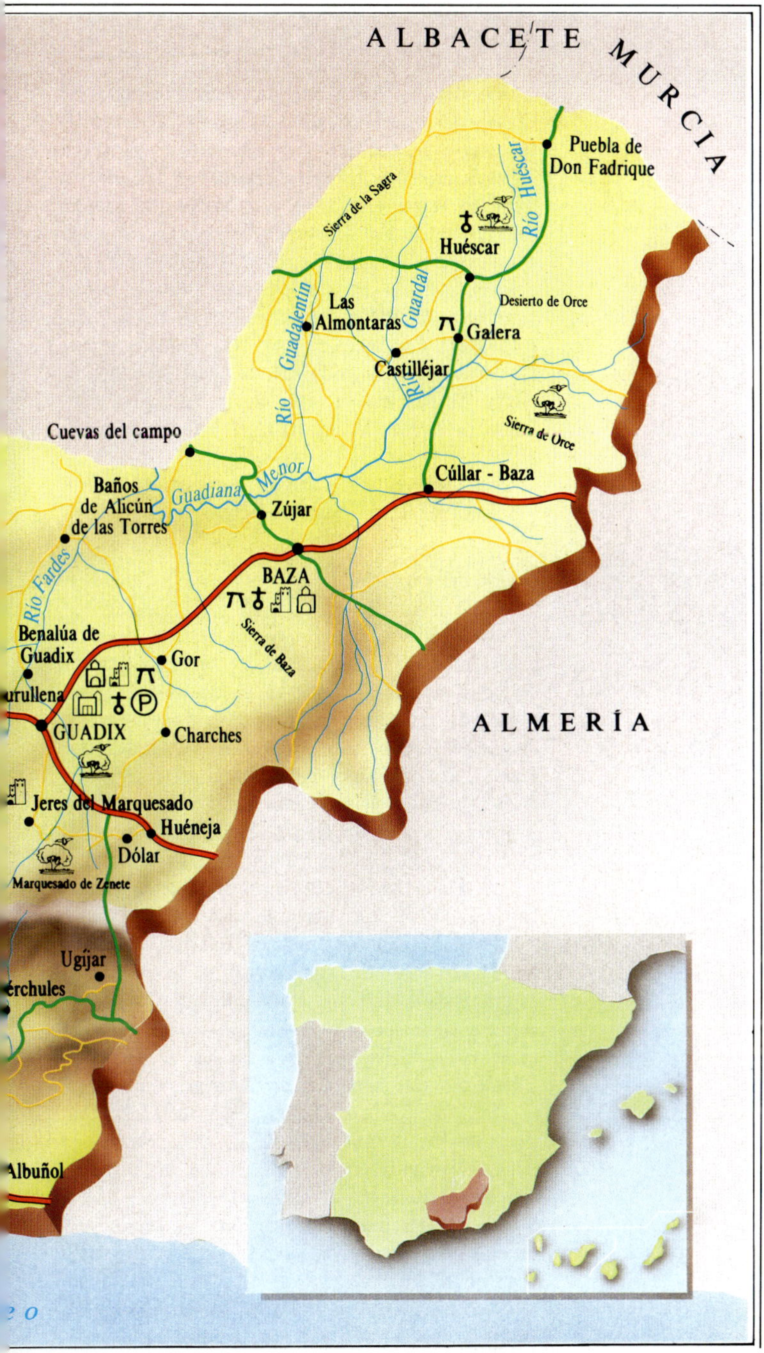
ALBACETE
MURCIA
Puebla de Don Fadrique
Sierra de la Sagra
Río Huéscar
Huéscar
Desierto de Orce
Las Almontaras
Guardal
Galera
Castilléjar
Río Guadalentín
Sierra de Orce
Cuevas del campo
Guadiana Menor
Cúllar - Baza
Baños de Alicún de las Torres
Zújar
Río Fardes
BAZA
Sierra de Baza
Benalúa de Guadix
Gor
urullena
GUADIX
Charches
ALMERÍA
Jeres del Marquesado
Huéneja
Dólar
Marquesado de Zenete
Ugíjar
érchules
Albuñol

Alrededores

Ibn Batutha (1350) decía que «los alrededores de Granada no tienen semejantes en todo el Universo» y por citar a un francés –ya se sabe que los galos son objetivos cuando se refieren a España–, he aquí el testimonio de Peyron (1772): «la campiña que rodea a Granada es un paraíso terrenal». Y es verdad. Teniendo en cuenta que **alrededor** equivale a **contorno,** lo que ciñe alguna cosa, hemos de referirnos a los alrededores inmediatos, al entorno de los contornos. Y, para ello, proponemos tres paseos en automóvil: **aledaños de Sierra Nevada por la orilla del río Genil, aledaños de Sierra Nevada por la orilla de la Vega alta y las faldas de sierra Harana hasta *el país de los vocingleros.***

Son viajes en dos volandas, propiamente efímeros y realmente deleitosos, que aseguraban los antiguos.

Orillas del río Genil

Para realizar el primero hemos de salir desde el paseo de la Bomba, por donde se inicia la carretera de Sierra Nevada, siguiendo el lindero del río Genil, donde todo el monte es oro. Cuenta Diego Hurtado de Mendoza (1503-1575) que «El rey de España, don Rodrigo, tenía riquísimas minas debajo de un cerro que dicen del Sol» y que los moros conversos, para aliviarse gabelas y presiones religiosas, regalaron a Carlos I (el V) una corona de oro purísimo extraído de las riberas del Genil, mismamente en el lugar de la Lancha de Cenes. Y ahí, hace ahora un siglo, el francés Juan Adolfo Goupil gastó diez millones de francos en instalar un lavadero para conseguir algo más de tres mil reales en pepitas auríferas, lo que le causó la ruina y la muerte. Aún se contemplan los restos de aquella aventura económica y fiebre del oro a las que se refirió un autor como «las californias de Granada».

Antes de continuar digamos algo sobre el Genil. El citado Ibn Batutah decía que Granada contaba con mil ríos. La verdad es que son tres: el Beiro, desaparecido misteriosamente; el Darro, chiquito pero matón, y éste que nos ocupa. El Síngili de los latinos y el Sannil de los sirios (éstos, ya se advierte, lo emparentaban con el Nilo) se hizo universalmente famoso por su intervención en los romances fronterizos, primero en los de las Guerras Civiles, que tan divinamente urdió

Puente visigodo de Pinos Puente.

Pérez de Hita, y luego en los de la guerra de Granada, la definitiva, la de la unidad nacional, la de la ruina. Sin embargo, el Genil ya era popular y conocido en el atlas de la media luna por la existencia en sus aguas del **radrädi,** un acantopterigio (familia de peces) que poseía la virtud formidable de reducir y curar la fiebre, fueran cuales fueran sus causas, si se comía asado en espetón. De ahí que los galenos de allende los desiertos, según Abd al Basit, buscaran dicho pescado a calzón libre. En las orillas del Genil, otro de sus dones, abunda la **tierra de myibar,** muy semejante a la tierra bolar de Armenia. También lo cuenta el egipcio Al Basit: «con la tierra myibar se fabrican botellas tan sutiles y de arte tan excelente que refrescan naturalmente el agua y es afirmación reconocida que el agua contenida en ellas ayuda a purgar la sangre». Del Genil, que nace en el Veleta y muere en Palma del Río, después de sesgar toda Andalucía, se han escrito maravillas, que dejaremos para mejor ocasión.

En el encuentro del río Aguas Blancas con el Genil, al ladito, **Pinos Genil,** Pinillos para los nativos, un pueblo lindo bajo los olmos partido hidráulicamente en dos. Queda, en este lado de la carretera, la iglesia y un barrio muy interesante por su arquitectura de cal y geranio. «Es sitio regalado de caza, frutas de invierno y buena cría de seda», decía Henríquez de Jorquera, aunque de la seda poco queda. Los pinos de Pinos son tejos, pero eso no tiene la menor importancia. Mas, si se llega uno a la desolada central eléctrica, escenario pequeñito para un encuentro en ninguna fase, se olvidará definitivamente del quehacer humano y se anegará en el nirvana total del ocio, naturalmente después de sortear los tejos y los tejoletos de la vereda. Desde este lugar, por un camino sinuoso, se sale a la carretera de Güéjar Sierra. El paisaje se embravece y el río se hunde poco a poco, casi hasta perderse de vista entre choperas y riscos rodados. Allí, en el zócalo contrario, el Púlpito de Canales, impresionante mojón del terciario y, a sus pies, las ruinas recientes de la aldea de **Canales**. En todo lo hondo el novísimo embalse de Canales, construido arrimando piedra, que se alimenta de la nieve líquida del Veleta y que abreva a los penibéticos con sed de futuro. El panorama desde el borde de la presa ya merece el viaje.

Güéjar Sierra se halla en el inglete de la sierra de Güéjar, en el mismísimo Calar, donde las filitas triásicas, las granatitas (material de construcción ornamental muy apreciado por los artistas y alarifes del barroco y del churrigueresco), las micacitas y todo eso de las pizarras paleozoicas embarullado por los fresnos, la gayomba, los mastranzos, los robles, los alisos, la artemisa, la manzanilla real de la sierra (especie indígena de las camomilas) y los guindos, todo a la par, en una soberbia democracia de plantas superiores y plantas inferiores. Pero de los guindos, ¿cuántos quedan? Güéjar Sierra es es pueblo morisco que contemplan a cuantos suben a la estación de esquí de Sierra Nevada desde el barranco de las Víboras. Desde Güéjar, sin embargo, el paisaje es diferente, un paredón cuyo protagonista, sobre el castañar, es el buitre. Además, claro, la nevada casi permanente de Sierra Nevada. Güéjar fue reducto de los moriscos cuando la sublevación y trabajo les costó a los castellanos reducirla. Un vino en cualquier taberna de la plaza o un buche de agua en cualquier caño de fuente y seguimos adelante. Por la cuesta de los Corrales de Robles, entre hierbas aromáticas, grupos de montañeros con la piel quemada y escalones serranos de doscientos metros, bajamos hasta Maitena y continuamos hasta el Charcón por el viejo sendero del tranvía, siamés del cauce bravo del río. Lugar ameno (ya lo decía el clásico), sosegado, oculto, limpio de basuras gaseosas, donde el atento visitante puede sacudirse una paella montaraz, unas habas con jamón o un bocadillo de salchicha blanca que no se lo salta una cabra hispánica. Y meter los pies en agua álgida, si no apetece mojarse la tripa con escarcha frigorífica.

ⓘ Punto de partida de los montañeros.

Regresamos hasta el Aguas Blancas y subimos la

Alhama de Granada.

carretera inmediata de la derecha. Otro hermoso valle en declive habitado por los frutos tópicos, es decir, del lugar, que nos lleva a **Dúdar, Quéntar,** el embalse de Quéntar, el cortijo del Chato y Tocón de Quéntar, pero nos volvemos desde el pantano. Los topónimos, se huele, son ibéricos y el caserío, se palpa, es morisco; tanto que en Quéntar se celebra una de las más genuinas fiestas de moros y cristianos. Los lugares fueron arrasados por Marco Elvio en tiempo de romanos, por Texufín en tiempos árabes, por Juan de Austria en la rebelión de los moriscos y por Pedro de Andrés que limpió la sierra de **los Vaqueros,** «hombres facinerosos de grandes delitos, ahorcando a muchos». En estos pueblos se bebe un mosto pálido, punzante y hormigorro que solicita urgente viático, concretamente morcilla de cebolla o jamón en tacos. Si se trata de abstemia, bien están los caquis (no hay mejores), las ciruelas o el embutido casero, que tampoco es mala fruta. Sobre Quéntar se encuentra el pantano de Quéntar, magnífica obra apegada a la cantería geogénica del cuaternario. Más allá, los celestes desiertos del Trevélez.

A Dílar por Huétor Vega y la Zubia

El segundo paseo de extramuros nos lleva a las tierras capitales de la Vega granadina, parajes que avivan con más fidelidad el campo alegre y fértil de los mudéjares granadinos, moriscos por segundo bautizo,

Paisaje camino de Moclín.

aquellas «huertas geórgicas, lujuriantes» de los escritores del XVIII, y nos acerca a una cadena de pueblos que no pierde eslabón al ligarse unos a otros con caseríos, en los que resulta fácil descubrir cobijo gastronómico y rincones gratos. Todo ello a bocabarrio de Granada. Se sale por el paseo de la acera del Darro, se recorre el Salón, se cruza el puente Verde (el que levantó Sebastiani el invasor con las piedras de la torre de San Jerónimo), se remonta la avenida de Cervantes y, hala, al campo raso, a los labrados y a las hierbas viejas, si es que las urbanizaciones dejan espacio. Hay un primer desvío, el del Tiro de Pichón, que sube *al balcón del Genil,* donde se disfruta una visión única y no lo decimos por las esperpénticas construcciones que se han llevado y se llevan a cabo impenitentemente. Como en este paraje el viento deshidrata lo suyo a los confiados, recomendamos el vino de Huétor. Nosotros adelantamos dejando a un lado el desvío y enfilamos la entrada peligrosa de **Huétor Vega.** El prefijo Huétor abunda en la toponimia de la provincia (Huétor Santillán, Huétor Tájar, Güevéjar, Güéjar, Huéneja, Huenes, etcétera) y parece es corrupción de *wadi,* río. Pero otros arabistas lo niegan y afirman que son versión árabe de topónimos anteriores. Huétor es pueblo característico de la vega alta, donde se enredan toda clase de cultivos, desde el tabaco a los parrales y donde las caserías de labranza transformadas en casillas de recreo alternan con los suntuosos chalés de plagio europeo. Antes fueron suertes más valiosas que ningunas de la Vega y las que más rendían a su Magestad; ahora son solares en especulación y los que más rinden a los urbanizadores. También es campo de merenderos, pasan de treinta en el término municipal. Desde aquí nos llegamos a **Monachil,** pueblecito acogido a las entrañas de Sierra Nevada y que ha mantenido durante ocho siglos de presencia musulmana su vieja toponimia latina, Monacal o Monasterio. La iglesia fue la primera que erigieron los cristianos en los alrededores granadinos, pequeña e interesante, así como la casa del Molino y restos nobiliarios en sus escudos. Monachil tiene un origen antiquísimo, prueba de ello era el asentamiento megalítico que alcanzaría hasta Dílar, con monumental dolmen. La estación de esquí pertenece al término municipal y desde el pueblo se hacen las rutas hasta la Fuente del Hervidero, el Trevenque, la Fuente Fría y el alto de Huenes. Regresamos al cruce de Cájar, procesión de casas envueltas en rosales y geranios, y a poco entramos en **La Zubia, la ermita** en árabe. Sobre Cájar dejamos el paredón que preside Balzaín, la loma de los pinares y las plantas medicinales encimada por la crestería impresionante de Los Alayos, donde de verdad se ve crecer la sierra. El lugar se conoce como El Laurel de la Zubia, del que resta la iglesia y un mesón con dicho nombre en la huerta de Arabenaz. Existe un taller manual de alfombras, inaugurado en 1922 y titulado *La Alpujarreña,* del que se han vendido tejidos a los palacios del Elíseo en Francia, de Riad en Arabia Saudí, el Ducal de Luxemburgo y el de Congresos de Madrid.

Desde La Zubia, por **Cájar,** arribamos a **Dílar** entre huertas y aparatosa vegetación campestre sonorizadas por los cantos de labranza y el bullicio del río Dílar, que desciende directamente de la legendaria laguna de las Yeguas, situada en los 3.000 metros de altura. Desde

Vista de Moclín.

la ermita de la Virgen de las Nieves, consagrada en el llano de la Silleta, se despliega la campiña granadina en un fastuoso mar de grises y en un profundo desierto de malvas. Por allí cerca andaba el dolmen de Dílar y ya no está. Así que nos bajamos a **Otura** y volvemos al origen por **Alhendín** y **Armilla,** estaciones del estroncio y de los helicópteros, y cuello de botella del tráfico con la costa.

A Cogollos por Víznar y Alfacar

O séase la ruta de los bajos de sierra Harana y el país de los vocingleros. Para ello caminamos hacia el Oeste, calle Real de Cartuja, la Cartuja misma y el polígono que la ahoga. Nada más cruzar la carretera de Murcia, donde estuvo la ermita del Cristo de la Yedra y donde tuvo su imprenta la familia Nebrija, acaso el mejor taller tipográfico del siglo XVI español, dejamos a la derecha la cartuja Nueva, actual facultad de Filosofía y Letras, y paramos en el monasterio de la Cartuja. Después tomamos el camino de Víznar, que es carretera; pasamos los alfares abandonados y la escombrera de porquería y aspiramos el costarrón de **Víznar.** En este pueblo de panaderos cuecen el mejor pan del mundo, como en Alfacar, o en Nívar. Situado a 1.100 metros de altura, existe un palacio dieciochesco llamado del Cuzco, que nos recuerda aquella película titulada *El año pasado en Mariembad,* y una triste e injusta celebridad por la muerte de Federico García Lorca. Víznar, a pesar de ello, es un pueblo muy alegre y acogedor, como lo fue en tiempos nazaritas cuando los Reyes granadinos lo visitaban cada primavera para disfrutar de los huertos y cármenes de Ainadamar. Desde el balcón de Víznar (en todos los lugares del entorno de Granada existe un *balcón,* es decir, un viso despejado) se contempla la exuberante Vega y las numerosas mataduras de nuevas edificaciones que se construyen en ella, una advertencia lastimosa del progreso.

Palacio del Cuzco en Víznar

ɛ

El camino de la Fuente Grande o Ainadamar (el Ojo de Lágrimas), pasadas las Correderas, hace un quiebro de puente romano, acueducto de la acequia de las Lágrimas, sitio en el que asesinaron a García Lorca. El arrendajo y los mastranzos del pago de Juan Martín han mantenido un solitario y constante homenaje al poeta granadino durante larguísimos años, en los que acercarse por el lugar con un ramo de flores o una cámara fotográfica era jugarse el tipo. Hoy es tan visi-

Sierra de Castril.

tado que hasta se confunde el sitio, incluso con la pobre memoria de un parque raquítico. El camino de la Fuente Grande acaba en la Fuente Grande; bueno, no finaliza, sino que se abre en trío: un ramal tira hacia las canteras y repecho arriba se interna en los pinares de la Alfaguara, zona forestal que desconcierta a los visitantes foráneos y zona arqueológica que despepita a los furtivos de tejoletos arcaicos; otro ramal, corto y difícil, baja al pueblo de **Alfacar** y el último, en la frentada, conduce a **Nívar.** La Fuente Grande, surtidora que fue de los aljibes del Albayzín y de los de media Granada, es digna de admirar. Mana un caudal como el cuerpo de un buey, dicen los viejos, que da principio a una grande y ancha acequia de más de un estado de fondo, añade Henríquez de Jorquera.

Necrópolis visigoda de Nívar

ɛ

Más allá está **Cogollos Vega** que, en tiempos árabes, se llamaba Quqululus, pobre. Es un pueblo precioso, a media falda de montaña, a medio camino de la cueva del Agua, de gran interés arqueológico y biológico, y a medio salto de Deifontes, vivienda del hombre neanderthalense y factoría de cerámica neolítica, raza e industria que se extendían hacia Iznalloz, Píñar y sabe Dios hasta dónde. Desde allí, por la senda de los terremotos (el de 1884 destruyó varios pueblos y no dejó rastro de Güevéjar, el actual es de nueva planta), bajamos a las toponimias misteriosamente prehistóricas de **Jun** y **Pulianas,** donde los alfares y la manipulación de la greda tienen antecedentes viejísimos. Estos pueblos, más **Pulianillas,** son tan cercanos el uno del otro que el viajero nunca sabrá cuándo ha salido de Jun y ha entrado en Pulianas, y por dónde van las lindes de Pulianillas. Luego, en dos rodadas de vehículo automóvil, Granada.

Excursión a las Alpujarras

«Junto al Mediterráneo se alzan las sierras de Lújar y de la Contraviesa y, tras de esa barrera, superándola en altitud y grandeza, se yergue Sierra Nevada, con las cumbres principales de la península Ibérica. En el corazón de ese doble conjunto orográfico se encuentran las Alpujarras», precisa el catedrático Bosque Maurel. Los límites de las Alpujarras, sin embargo, han dado lugar a curiosas polémicas y prueba de ello son las discusiones sobre el plural del topónimo. Lo cierto es que *Edrisí,* en el siglo XII, confirma el plural *Abuxarrat* y en las capitulaciones para la entrega del Reino de Granada (1491) siempre se escribe *Alpuxarras.*

Pero ¿cómo se llega a ese «país de ninguna parte», que decía García Lorca? Hay varios caminos, todos bellísimos aunque bravos. Desde Granada, por tres rutas diferentes. La más apasionante por la carretera de Sierra Nevada, la que, con énfasis, se define como *la más alta de Europa*, pues remonta los tres mil metros para precipitarse, después de sortear el Veleta y el Mulhacén, en el soberbio y sorprendente valle de Poqueira. Esta ruta sólo es posible durante el verano. Otro día, la rutinaria y cómoda, por la carretera de Motril, desvío a Lanjarón y Órjiva y, desde aquí, el camino de Ugíjar. La tercera por Guadix al puerto de la Ragua y descenso a Laroles.

Budistas en las Alpujarras.

Lanjarón.

Vayamos por el itinerario más frecuente y practicable, el que nos permite ascender directamente a la Alpujarra Alta, poblada por muchos pueblos de tantas razas: fenicios de Cáñar, extremeños de Mecina Fondales, visigodos de Capilerilla, galos de Pórtugos, griegos de Ugíjar, germanos de Atalbéitar y salteadores de los mares afincados en los Bérchules. Es el *allá arriba* esplendoroso de la vegetación singular, a veces indígena, única en los catálogos de la botánica. Es la paciencia petrificada del cuaternario, con el hierro aún en la fragua orogénica, los mármoles con brotes nuevos, las pizarras y el litargirio disfrazados de cuervos absurdos, el cuarzo urgido por la luz naciente y, sobre todo, el nidal de las aguas primordiales.

Partamos de **Órjiva,** a la que hemos llegado desde Granada por Lanjarón, el lugar de una sola calle, de innumerables chorreras mineromedicinales y con facha de balneario modernista. **Lanjarón** se acama en la lujuria de «todas las maravillas naturales», decía don Fidel Fernández, biógrafo de Sierra Nevada, y es «un sueño de poetas», según Pedro Antonio de Alarcón. Seguimos y bajamos. Las torres gemelas de Órjiva, en el hondón, señalan dos visos olímpicos: Cáñar y Soportújar. Antes de abandonar Órjiva, capital de la Alpujarra Alta, diremos que tiene arcaico abolengo: unos la emparentan

Castillo e iglesia de Órjiva

ⓘ La iglesia posee un retablo barroco de mérito y un Cristo de la Expiración de Martínez Montañés.

con Ulisea, colonia griega que dedicó templo a Minerva, y otros con Exoche, también griega, que menciona Ptolomeo. En tiempos árabes presidía un término administrativo en el que se hallaban catorce **alcarías,** varias de las cuales perviven como villas.

Cáñar, al que llaman *balcón de las Alpujarras,* es el castillo de irás y volverás, pues no hay otra opción. Se encuentra sobre un cantil impresionante, eso sí, encubierto por las hierbas de olor, el olivar artrítico y los naranjos locos, todo ello al borde de los aires cenitales, igualmente enloquecidos. Pero, desde las eras, se descubre el mar, allá a lo lejos. **Soportújar,** al otro lado, huele a Cáñar, pero los separa el abismo del río Chico, una de las invenciones más bellas del mioceno, en la que se confunde el silencio del ave rapaz con el oro viejo de los castaños. Los diques de contención del río Chico merecen una visita, pues la obra de ingeniería ha cuajado en zarzamora y en oblación de aguas torrenteras. Ambos, Cáñar y Soportújar, son lugares de duendes y hechiceras.

Barranco de Poqueira

Separa las cumbres mayores de la península, el Veleta y el Mulhacén.

Dejada atrás la a manera de excavación arqueológica que es Carataunas y doblado el *Pae Eterno,* atalaya en la que descansó Dios, contempló su obra y vio que era buena, nos topamos de improviso con el **barranco de Poqueira,** la más soberbia impresión del viaje. Un cañón que brinca teúrgicamente los altos del Veleta sostenido por la trinidad urbana de **Pampaneira, Bubión** y **Capileira.** Muchos se confunden con estas toponimias, piensan que el sufijo **eira** es herencia de los repobladores gallegos traídos por Felipe II en 1572, después de la rebelión de los moriscos, pero ya estaban documentados en el siglo XIII; concretamente Abdalla ibn al Muedzin escribió un libro intitulado *Crónica de Pocaira* (Poqueira), de donde era natural. Pampaneira, Bubión y Capileira (a 1.058, 1.150 y 1.561 metros de altitud) son la testarudez del hombre ante la poderosa altanería de la naturaleza. Hoy, este magnífico conjunto urbano está siendo sometido a extrañas presiones que, Dios lo quiera (¡ojalá!), no conturben la armonía del paisaje ni sus antiguas y sensibles maneras humanas. Las construcciones alpujarreñas, en las que intervienen las lastras, el castaño y la launa, son de origen berberisco, dicen, aunque nosotros pensamos que de raíz argárica.

Cualquiera conoce la bondad de los vinos de la costa granadina; lo que resulta menos sabido es que las viñas, tanto en la Alta como en la Baja Alpujarra, desafían al vértigo y se encaraman a los 1.200 metros en Torvizcón, a los 1.300 en la Rochila y a los 1.500

en la Alpujarra Alta, justo donde el barranco de la Sangre, en demostración de una tesis absurda. Acaso necesitan esa jactancia labrantía para rendir un vino tan recio y acometedor. Hablamos del barranco de la Sangre, pero hay dos antes de llegar a Trevélez. Dicen que el rojo del sauce se debe a terribles batallas con los túrdulos, con los moriscos, con los franceses; lo cierto es que el Bermejo, encendido ferruginosamente, se alimenta de la Fuente Agrilla de Pórtugos, donde el hierro sabe a sidra y la roca a ácido acetilsalicílico. Inmediato al manantial se encuentra el Chorrerón, hipogeo de helechar y de herrín a cincuenta metros de profundidad, al que un viajero llamó «la capilla sixtina del agua ferruginosa». En este lugar, la Glorieta, amagan varios pueblos interesantes: **Pitres,** que fue cabeza de taha o comarca árabe; **Mecina Fondales,** con los allegados **Mecinilla** y **Fondales; Pórtugos,** el de los castaños gordos y las mujeres hermosas; **Atalbéitar,** el arrabal del veterinario; **Ferreirola,** asomado al balneario del olvido y **Capilerilla,** basílica de los visigodos. Decía Henríquez de Jorquera (siglo XVI-XVII) que la Glorieta era el sitio más fértil y regalado del Reino de Granada.

Pasado **Busquístar,** país de los *chamuscaos* (eran piconeros), rodeando la cintura del Mulhacén, se descubre **Trevélez** «colgado del cielo, donde se oye cantar a los querubines». Trevélez (1.650 metros sobre el nivel

Trevélez.

del mar) lo componen tres barrios en cascada por la falda del Picacho del Mulhacén (3.481 metros) que se remansan ante el jamón y el vino de la costa, orilla misma del barranco Culo de Perro (hermosa toponimia). Lo más importante de Trevélez fue el jamón, del que decía Ángel Ganivet que era celebrado *urbi et orbi* y el músico Rossini estaba dispuesto a cambiar su *stradivarius* por una pierna de cerdo curada al frío y que estuviera marcada con la leyenda «premiado por S. M. la Reina. 1863», gracia que le concediera Isabel II. La excursión al Mulhacén llevaría cuatro horas de pendiente.

Se dobla el conjuro por el Portichuelo de Cástaras y ahí está **Jubiles,** el de las nieblas remolonas y las migas alpujarreñas. Al pie de la escarpa los Bérchules, vergeles en lo antiguo y fachada halconera desde la que se preside un haz de pueblos con sonoros nombres árabes de origen ibérico: **Alcútar, Tímar, Narila, Nieles, Lobras, Yátor, Cádiar, Jorairátar, Cojáyar,** todos ellos en la llamada Alpujarra Baja. Desde aquí, las Alpujarras se precipitan en dos direcciones. La de **Mecina Bombarón** hacia **Yégen,** el escondite de Gerald Brenan; **Válor,** denominación de origen de las fiestas de moros y cristianos; **Mecina Alfahar,** en el paredón de vuelta por **Mairena** y **Júbar** y ya el tobogán que conduce a **Ugíjar,** la capital de la Alpujarra Baja. La otra dirección es la de **Yátor,** antes de alcanzar **Cádiar,** el trance amargo del cabecilla morisco Aben Humeya que, por cierto, se llamaba Fernando de Válor. Todos estos pueblos comulgan en usos y vivienda con los de la Alpujarra Alta, pero viven a menor altura. Y Ugíjar, la capital de esta comarca, es una ciudad de fuste, con hermosísimos palacios. Desde aquí se puede volver a Granada salvando el puerto de la Ragua (2.000 metros) y visitar el **castillo de La Calahorra** y Guadix.

Castillo de La Calahorra

(i) Último castillo construido en España.

Las Alpujarras, según el etnólogo Spahni, es «el rincón del planeta donde la vida tiene todavía una explicación».

Costa Tropical

El sur de la provincia de Granada limita con el mar Mediterráneo, algo más de cien kilómetros de orilla a la que se denomina enfáticamente **Costa Tropical.** En realidad es un tramo de la Costa del Sol, eso sí, el más escarpado, el más bello y, posiblemente, el más moderado en sus hábitos climatológicos. Prueba de ello

Cultivos tropicales.

son las tres mil horas de sol al año y una temperatura media de 18 grados, o séase, dos meses de paraguas, una semana desapacible y tres días de ventolera a cambio de la mejor intemperie subtropical del mundo. Tanto, que la llegada del invierno se percibe por el aumento de nieve en la Penibética, la imponente y decorativa sierra que le sirve de fondo, como la presencia del verano se advierte por el descenso de espacio libre en sus playas. Si a ello sumamos una mar brava muy plácida, unas riberas nítidas, un sol juicioso y un paisaje atípico sembrado de caña de azúcar, plátanos, aguacates, chirimoyas y bípedos subtropicales cargados de sorna, aparte la montaña, las truchas de la montaña y los pueblos singulares de la montaña, mejor que mejor. Luego está, para mayor atractivo, su ascendiente prehistórico que, por el comercio, se convierte en testimonio colonial, y la abundancia de sus riquezas que, por el comercio, se torna inflación arqueológica. Y así como antes acudían a este litoral los fenicios, los griegos, los cartagineses, los romanos, incluso los egipcios extemporáneos, ahora arriban los mismos con distintos gentilicios, más los vikingos, que han tomado casa y malas costumbres, es decir, los buenos ritos andaluces, como el no hacer nada con viático de taberna y descanso sestero.

Para llegar a la **Costa Tropical** desde Granada hemos de tomar la nacional 323 que, hasta el Suspiro del Moro, discurre por las vegas altas. En el puerto del Suspiro del Moro se puede optar por la mal llamada carretera de la Cabra, que tira al monte, y después de atravesar los desiertos del Águila, aboca el tobogán magnífico del río Verde entre cortaduras, pinares, aldeas albinas y plantíos subtropicales para rematar en Almuñécar. Pero seguimos la 323, la de siempre y, ahora, en remodelación vial. Cruzamos el fertilísimo valle de Lecrín, bordeado por pueblos naranjeros de nombres arcaicos, y nos lanzamos decididamente hacia el mar por la seña de Vélez de Benaudalla y las angosturas del Guadalfeo.

Castillo de Salobreña

ⓘ Residencia de verano de los reyes nazaritas.

€

Y ahí, enfrente, **Salobreña.** Estamos en el cruce de la nacional 340, de Cádiz a Barcelona por Almería, y ante el Mediterráneo del donaire. Salobreña es la sorpresa encalada de un risco urbano a flor de agua, algo así como el *nacimiento de Venus* pintado por Mondrian. Conserva un castillo de origen fenicio, reconstruido por los árabes, restaurado por los nazaríes y adecentado recientemente, que domina el verde meridional de las plantas exóticas, el tornasol ultramarino y los contrafuertes hidrófilos de la serranía. Goza de buena playa con respaldo de cañaduz. De Salobreña a Almuñécar hay dieciocho kilómetros de cantiles vigilados por infinidad de cortijos blancos, ventas y restaurantes enculebrados y la presidencia de la pita y la chumbera.

Almuñécar es vieja de muchos siglos (casi tres milenios) y famosa por sus factorías anteriores a Cristo y por el desembarco en su puerto de Abderramán I, fundador del Califato de Córdoba. Almuñécar, por su esplendor colonial en tiempos pretéritos y por su situación estratégica en todas las épocas, ha sido pasto de saqueos y derribos, especialmente de nórdicos y de africanos, sin olvidar a los turcos. Almuñécar, siempre, fue una ciudad alegre, mimada por el mar y la montaña con la complicidad del asoleo más benigno. Ese fervor climatológico ha favorecido su ambiente agrícola, dando lugar al cultivo eficaz de frutos tropicales, y su ambiente vacacional, siendo uno de los centros veraniegos más importantes de la Costa del Sol. Dispone de varias playas bien acondicionadas, como la de Velilla, el Altillo y San Cristóbal. Más allá, en la linde con Málaga, se encuentra **La Herradura** con notable ensenada y la acrópolis petulante de Punta de la Mona, ejemplo de aldea *yuppi* para bañistas metropolitanos.

Castillo de Almuñécar

ⓘ En él desembarcó Abderramán.

€

Regresamos; visitamos el castillo de Almuñécar, reconstruido por Carlos I sobre los cimientos árabes; admiramos la torre almenara de la Mazmarra, desde la que se alcanza el mar africano y el respaldo luminoso de las tierras de olor; recorremos la ciudad y el puerto, incluso nos podemos acercar hasta el acueducto romano o la torre del Monje, columbario de la misma época. Más, podemos acudir a la cueva de los Siete Palacios, cisterna fenicia de grandes dimensiones. Y para completar la visita, una excursión mañanera al valle del río Verde y sus pueblos aguileños: **Jete, Otívar** y **Lentejí.**

Retornamos por la nacional 340, saludamos a Salobreña y nos lanzamos por la bisectriz del valle del azúcar hasta recalar en **Motril.** Ésta es la capital portuaria de la Costa Tropical, desde la que salen los productos de las Alpujarras y del valle de Lecrín, incluso todos los frutos exóticos de las vegas costeras. También es estación de los deportes náuticos. Motril, ciudad bien poblada y no demasiado tentadora, cuenta con monumentos como la colegiata de la Encarnación, fortaleza morisca transformada en templo por el cardenal Mendoza en 1521 y el santuario de Nuestra Señora de la Cabeza, de cara al mar sobre un montículo. Posee tres playas, la de Poniente, la de las Azucenas y la de Torrenueva, todas ellas próximas por la cañaduz y por la benignidad de sus aguas, muy cercanas a la carretera.

Seguimos y, pasada **Torrenueva,** núcleo urbano de porvenir, hallamos el faro del cabo Sacratif, frontera del sector oriental de la costa. Sacratif y su rocadal de Jolúcar fueron lugares sagrados de los iberos con templos dedicados a la diosa Luna. A partir del faro los llanos de Carchuna, en los que se practican los cultivos primordiales, esos frutos anticipados que tanto nos sorprenden, y en su larga playa se recoge la pesca a la antigua usanza. A la altura de punta Carchuna, o punta del Este, en mitad del liso viario, se halla

Acueducto de Almuñécar

ⓘ Construcción en parte de arcos y en parte de conducción subterránea.

€

Calahonda.

Calahonda, cuyo nombre advierte de la bravura de su costa. Los acantilados son balcones insostenibles para la observación displicente, no es posible substraerse al atractivo de la naturaleza. Profundas calas, límpidas aguas, sencillos caseríos y el reposo de viejas barcas de pesca sobre el olvido. Más allá, en el camino recto, **Castell de Ferro.** Es un lugar de pescadores presidido por torre paralelepípeda, obra de romanos con aledaños defensivos del siglo XVI. Castell de Ferro, de enorme importancia estratégica a lo largo de los siglos, sufrió toda clase de embates invasores o corsarios y de ahí sus precauciones defensoras. Parte del castillo y de la muralla desapareció en la explosión del polvorín ocurrida en 1836. Luego de abandonar Castell de Ferro encontraremos las playas provincianas y, por lo mismo, apacibles en todos los sentidos, de la Mamola, los Yesos, Melicena, la Rábita y el Pozuelo, estas dos últimas señuelos veraniegos de **Albuñol,** el primer pueblo de la Alpujarra Baja que se topará el turista si quiere regresar a Granada por la comarcal 333.

Sierra Nevada

Estación de Esquí Solynieve

ⓘ Es la más meridional de Europa.

€

A poco más de 35 km, por la denominada *carretera más alta de Europa*, la de Sierra Nevada, se encuentra **Solynieve**, la estación de esquí más meridional del continente, situada a 2.100 metros de altitud. La carretera, tiene una longitud de 87 kilómetros (de la capital de

Esquiando en Sierra Nevada.

Estación de esquí en Sierra Nevada.

la provincia a Pampaneira) y salva los 3.200 metros, aunque, por la altura del recorrido sólo es posible el tránsito total en los meses de verano, ya que la nieve, a partir del kilómetro 36 y hasta el 62 (mirador de Trevélez), en la cara sur de la Sierra, la mantiene prácticamente cerrada durante el invierno. La carretera se comenzó a construir en 1917 y el primer trayecto, el que alcanza el Veleta (3.400 metros), se terminó en 1935. El segundo trayecto, la pista que desciende a la Alpujarra Alta, luego de recorrer la cresta penibética sin abandonar los 3.000 metros, se acabó en 1966. Así, la carretera más alta de Europa parte de los 680 metros de Granada, remonta los 3.392 de las nieves y baja a los 1.100 de Pampaneira para enlazar con el camino local de Órjiva a Cádiar. De ella salen ramales que conducen, mal que bien, al Purche (km 16 y 1.300 m de altitud), a la vertiente del Dornajo (km 23 y 1.620 m), a la estación de invierno (km 31 y 2.130 m), al Veleta (km 48,5 y 3.200 m), al Mulhacén (km 60,5 y 2.715 m), etcétera. Hemos dejado a lo largo de la ruta soberbios visos, puestos para la caza fotográfica, como el de Canales, antes una panorámica impresionante del valle del Genil sostenida por el verde clorofílico del embalse recientemente inaugurado; o el del barranco de las Víboras, farallón donde se cobija el morisco pueblo de Güéjar Sierra; o el mascarón de proa de los Peñones de San Francisco, ala delta fosilizada, etcétera. También nos acerca la carretera a una serie de lagunas ancladas en la leyenda, como la de las Yeguas, la del Río Seco y la de la Caldera, todas ellas sobre los 3.000 metros de altitud. Y desde el Veleta, donde según el tópico *se oye cantar a los querubines,* se divisan las tierras africanas, evidentemente, sólo en días claros.

Bien. Sobre los 2.130 metros de altura, a una hora escasa de Granada y en el valle Alto del Río Monachil, se halla la estación de invierno de Pradollano, complejo turístico con magníficas instalaciones hoteleras, albergues, urbanizaciones, comercios especializados en el deporte de la nieve, tiendas de todo tipo, garajes, etcétera, más bancos, cajas de ahorros, clínica y talleres, etcétera. y varias escuelas de esquí y clubes deportivos. Dispone de más de veinte pistas balizadas con distintas longitudes, desde las del Águila, con 5.900 metros, la Olímpica, con 3.700, la de Dílar-Pradollano, con 3.900 y la de Maribel, con 3.500, hasta la de Principiantes, con 620, y la de la Visera, con 320 tan sólo. Estas pistas están servidas por una trama de veinte remontes, entre telecabinas, telesillas, telesquí y un *telebaby,* que alcanzan cotas desde los 2.100 a los 3.300 metros; longitudes cercanas a los tres kilómetros y una capacidad de personas por hora entre las 300 y las 2.500. A lo largo de la temporada se celebran pruebas y campeonatos de fondo, alpino (con eslalon y eslalon gigante) y artístico.

Para los montañeros, Sierra Nevada ofrece numerosísimas rutas de distinta dificultad y, en general, de sorprendentes recorridos. Son itinerarios de alta montaña a los lugares culminantes de la orografía peninsular, sobre los que existen guías escritas que señalan las variantes camineras, identifican los atajos, marcan las vías de escalada y establecen los horarios totales. El peatón de serranía puede visitar el Mulhacén por el collado de la Majada del Palo, el cerro del Caballo desde la laguna de las Yeguas, etcétera, para lo que dispone de albergues y refugios, en caso de necesidad.

Sierra Nevada, cuando la helada lo permite, tiene esa hermosa y aventurada salida al mar, la carretera que desciende desde el Mulhacén a la Alpujarra Alta y, de ahí, a la costa, todo ello en una hora, es decir, el paso inmediato de la región hiperbórea a la zona subtropical, desde los criaderos de la **estrella de las**

nieves, planta endémica de la Penibética, al aguacate y el mango. Y ello con parada y fonda en los pueblos del barranco de Poqueira, acaso el valle más asombroso de España, donde el viático tópico es el jamón (con habas verdes, mejor) y los vinos nuevos de la Contraviesa. Y si hay tiempo y afición, también se puede biengastar en la pesca de la trucha, ya que la Alpujarra Alta es generosa en ríos bravos de aguas límpidas.

Viaje a Guadix y Baza

Tomamos la nacional 342, a la que llaman carretera de Murcia, y comienza a elevarse nada más emprender la marcha. Primero para salvar el Albayzín, desde el cual se divisa un panorama único; después para zigzaguear la Golilla, donde se presume una necrópolis fenicia, y pasado El Fargue, límite municipal, la rampa de puerto Lobo. Antes hemos dejado a vista de pájaro Víznar, el descanso de García Lorca; Alfacar, el del pan aromático; Nívar y tantos otros pueblos apegados a la Alfaguara, la fuente de las lágrimas de los árabes. Desde puerto Lobo bajamos en eslalon gigante a **Huétor Santillán,** repecho monumentalizado por la imagen de

Alcazaba de Guadix desde el barrio troglodita de Santiago.

cuerpo entero de Sierra Nevada. Pero, apenas abandonamos el pueblo, la carretera vuelve a encaramarse bordeada de pinos y, en invierno, cuajada de nieve, para ganar el puerto de la Mora, fastuoso paisaje montañero que se hunde en El Molinillo, centenaria venta con riquísimo jamón y vino, para empezar otro puerto que, como el anterior, sobrepasa los 1.300 metros, y nos entrega a los llanos de Diezma, desde los que divisamos la hoya de Guadix y su dilatado mapa de **tierras malas.** En **Purullena,** una calle de tiestos de cerámica, todos los cacharros del mundo cubren las aceras, aparece el primer ejemplo de hábitat troglodita propio de la comarca y es de ver cómo las antenas de televisión, por poner un ejemplo, surgen de montículos pelados. El río Fardes, que anda cerca, apadrina los mejores melocotones que se puedan saborear.

A un paso, **Guadix.** Antigua ciudad ibérica con ascendente argárico, fue la colonia Julia Gemela Accitana de los romanos y acuñó moneda y la poderosa y rica Guadi Ax de los musulmanes españoles. Hoy, con más de veinte mil habitantes, es un importante centro comercial y sede de la diócesis Guadix-Baza. Como los monumentos están cercanos, conviene visitar las ruinas de las murallas y torreones donde se conservan las puertas de Granada, de San Torcuato y la de la Imagen; la alcazaba árabe; la catedral de la Encarnación, entre el Renacimiento y el barroco, y su museo, con valiosas piezas artísticas; la iglesia y el convento de Santiago, aquélla con portada plateresca y ambos con magníficos artesonados del XVI; la iglesia mudéjar de Santa Ana; el palacio de los Marqueses de Peñaflor con su balconada sobre la muralla y la plaza Mayor, aquí por los tocinillos de cielo, una maravilla. También se puede uno acercar al barrio troglodita de Santiago, merece la pena.

Alcazaba, catedral e iglesia de Santiago de Guadix

Catedral abierta en horas de culto.

La iglesia de Santiago está situada en el ámbito de la Alcazaba.

Casi cincuenta kilómetros de llano nos separan de **Baza,** si omitimos el inglete del río Gor. En Baúl —decían que era la estación de ferrocarril más alta de España, pero ya no hay tren—, existen un par de ventorrillos en los que ofrecen un conejo o un choto a las yerbas absolutamente insuperables. Costeamos la sierra de Baza y, ahí, a la vuelta, la capital de los bastitanos, el pueblo ibérico que disputó media Andalucía a sus hermanos los turdetanos del Oeste. Basti, generadora de una cultura, conserva numerosos monumentos y reliquias arcaicas, y una buena muestra es el Museo Arqueológico. Ciudad de más de veinte mil habitantes,

de fértiles vegas e industriosa, mantiene una vitalidad admirable. Del esplendoroso pasado árabe permanecen la alcazaba, las murallas y los baños, recién restaurados, con la judería. Hay que visitar la iglesia-concatedral o colegiata de la Anunciación, situada en la plaza Mayor, templo de estilo gótico con fachada plateresca de Diego de Siloé; el antiguo Ayuntamiento, del siglo XVI, y la fuente de los Caños Dorados. Habría que recordar que es la patria de la Dama de Baza, una de las imágenes ibéricas más notables halladas hasta hoy.

Si siguiéramos camino podríamos conocer la Casa Consistorial de **Cúllar Baza,** originalísima; la necrópolis de Galera, importantísima estación arqueológica de Tútugi y la colegiata de la Encarnación de **Huéscar,** del siglo XV.

Cuevas de Guadix.

Alcazaba, baños y colegiata de Baza

La alcazaba y baños se pueden visitar durante todo el día, la colegiata en horas de culto.

La última frontera (Alhama, Loja, Santa Fe)

Armilla, tierra de los valerosos en los extramuros de Granada, está a media hora de camino por mor de los atascos automovilísticos. Así que paciencia, contemplación de la Vega y gozo del paisaje penibético hasta que demos con la carretera de las Gabias, la comarcal 340 que corre junto a las lindes del aeropuerto militar, para rodear Montevive, el almacén natural de estroncio más importante que se conoce y del que cada vez resta menos, tanto del mineral como del monte, porque todo él es orégano multinacional. Pasamos La Malá, Almallahá o Salina de los árabes, con sus ruinosas termas, y aventuramos la paramera de Arón para caer

Colegiata de Huéscar

Abierta en horas de culto.

Impresionantes bóvedas de estilo isabelino.

en el magnífico circo y embalse de los Bermejales. Son contornos habitados por toponimias extrañas: **Jayena, Játar, Fornes, Cacín...**

Pasamos la presa y subimos naturalmente hasta encontrar **Alhama de Granada,** sobre la roca. Alhama, en árabe, son los baños calientes. Decía Ibn Batutah que en esta población había una primorosa mezquita y junto a la fuente dos casas de baños, una para hombres y otra para mujeres. Pues tal cual, las termas siguen funcionando, sólo que ahora los hombres y las mujeres se bañan juntos y duermen en un hotel de tres estrellas. Alhama es de origen remoto, lo certifican sus señas arqueológicas desde el neolítico a los visigodos; tuvo personalidad en tiempo de los romanos y fue puntal defensivo cuando los musulmanes, tanto que, al conquistarla los Reyes Católicos en 1482, prácticamente se abatían las puertas del reino Nazarí. Esta pérdida de la plaza dio lugar al lamento «¡Ay de mi Alhama!» del rey granadino Muley Hacén, dramatizado en uno de los más hermosos romances de la literatura española. En Alhama se conservan un puente romano; el Pósito, atigua sinagoga; las termas árabes y el resto de la ciudad Vieja; la iglesia de la Encarnación y el patio e iglesia del Carmen, ambas del XVI; la casa de la Inquisición y el hospital de la Reina, etcétera.

Baños e iglesia de la Encarnación de Alhama

La iglesia, abierta en horas de culto.

Nos volvemos y doblamos a la comarcal 335 que nos conduce directamente a **Loja** por el paisaje cuasi desértico de El Salar, en el que han aparecido hachas de piedra de dos caras y vasos campaniformes realmente singulares. Loja es la Laus de los romanos y la Medina Lauxa de los moros, situada en las angosturas del Genil. De aquí era Morayma, hija del famoso capitán Alí Atar y esposa del último rey de Granada, el desgraciado Boabdil. En Loja hay monumentos para todo un día de visita, pero recordamos la Alcazaba, construida en el siglo XI; la iglesia Mayor, gótica del XV; la de San Gabriel, plateresca, y la de Santa Catalina, ambas del XVI; el hospital de Peregrinos, del XV, actual ermita de la Caridad y la ermita de Jesús Nazareno, del XVI. También recomendamos los Infiernos de Loja, impresionantes cascadas subterráneas, y los jardines de Narváez, aquel Ramón María de Narváez apodado *El Espadón de Loja.*

Alcazaba, hospital de Peregrinos e iglesia Mayor de Loja

Iglesia abierta en horas de culto.

Toda la ciudad es conjunto declarado Monumento Nacional.

Abandonamos Loja por la nacional 342 en dirección a Granada y, nada más llegar al cruce de Loreto, giramos hacia **Montefrío,** donde se puede almorzar y bien, para escalar seguidamente la antigua fortaleza donde

Castillo de Montefrío

La visita se solicita en el Ayuntamiento.

tuvo su palacio Ismail III y hoy presume de equilibrio la iglesia de Santa María, construida en estilo gótico-renacentista (1486-1507), y descendemos para visitar la iglesia de la Encarnación, en neoclásico francés del XVIII, completamente circular. A cuatro kilómetros se halla Hipo-Nova, en la que abundan los dólmenes megalíticos, ruinas de una acrópolis ibérica e interesantes tumbas visigodas. Desde este lugar, nos acercamos a **Illora,** plaza fuerte que mantiene parte del castillo y una hermosa iglesia atalaya debida a Siloé; seguimos hasta la Nacional 432 y muy cerca de **Valderrubio,** patria chica de García Lorca, está **Pinos Puente,** con el puente visigodo, único ejemplar de esa época, en el que los emisarios de Isabel la Católica detuvieron a Cristóbal Colón para confirmarle que la Reina se decidía a patrocinar su aventura. Avanzamos hasta **Atarfe,** lugar en el que estuvo Medina Elvira, capital del distrito granadino durante los comienzos de la dominación árabe y pasamos en un periquete a **Santa Fe,** campamento de tiendas de los Reyes Católicos en el cerco definitivo a la capital nazarí que, después de arder, rehicieron, amurallándolo y dotándolo de cuatro puertas denominadas de Sevilla, Loja, Jaén y Granada. También es interesante el hospital, y la iglesia Mayor, pero no debemos olvidar los *piononos,* dulces moriscos de fama niversal. Al lado está el aeropuerto y enseguida Granada, el descanso.

Aljibe en Alhama.

Iglesia-fortaleza de Illora

€

Puente visigodo de Pinos Puente

Visita libre durante todo el día.

€

Ciudad amurallada de Santa Fe e iglesia Mayor

Visita a la ciudad durante todo el día, a la iglesia en horas de culto.

€

TAPIZ

IV. VIVIR EN GRANADA

Abu Beker Mohammed, granadino que laboraba derechamente la poesía y líricamente el mosto de Colomera, pedía cada mañana: ¡Que Alá guarde Granada, lugar de reposo que alegra al hombre caído y protege al hombre desterrado! Cierto, Granada aún conserva esa condición de dispensario de la apacibilidad y esa obligación de quirófano para la melancolía. Ya lo aseguraba el francés Lantier en el siglo XVIII: El hombre no habría nada más que desear en ese nuevo Edén. Naturalmente si despejamos todos los fantasmas y estantiguas propias de una ciudad pueblerina. Y es bueno el lugareñismo, pues permite que casi todo el mundo se conozca, mantiene un ritmo de vida al alcance de la buena gana, abarata los usos y las costumbres, alboroza la soledumbre, familiariza a los remisos, etcétera, como es útil el villanaje del chisme, de la envidia, de los clanes, de la ingratitud, de la zorrería y, sobre todo, de la *malafollá* peor entendida.

A pesar de ello, Granada es prodigiosa y de ahí que todo sea posible sobre la haz del Darro. Tanto como seducir a los sevillanos hasta transformarlos en conversos penibéticos sin necesidad de agua política ni tráfico de influencias y así los granadinos más fanáticos son los hispalenses que sentaron sus reales junto al Real de la Alhambra. Porque todo es *posivivible* en Granada: el clima extremo, la amistad sin límites, la cultura europea, el tránsito vial inviable, los deportes alpinosubacuáticos, los estudios facultativos, el trabajo regalón y la tarea forzada, la literatura, la pintura, la música o el arte suprautonómico, el extramuros increíble, los celos burgueses, el ambiente paleoconfortable, las colecciones y archivos cuasi olvidados, el andar de tiendas tentadoras y el inventario de tapas sin despreciar taberna.

En Granada se aviva el ocio, se sobrevive el negocio y se practica el sacerdocio (de la vidorra). «Es lo mejor del mundo», ya lo dijo Ibn Batutah, en 1350, y nosotros lo confirmamos. Y el que avisa no es traidor.

Las gentes

El penibético no resume una casta, no es un compacto humano de nación. Aparte las innumerables presencias de pueblos a lo largo de su historia y la digestión de tantísimas culturas, en Granada, hace apenas cuatro centurias, se produjeron dos episodios étnicos de gran importancia: la expulsión de los moriscos, granadinos de siempre con impronta musulmana durante ochocientos años, y la repoblación cristiana de variadas costumbres y extrañas querencias. A lo que se une la ósmosis permanente de individuos bárbaros que, al reclamo del botín y al olor del negocio en un país opulento recién conquistado a la morisma, se quedaron para siempre en el lugar y sembraron de apellidos exóticos las partidas de bautismo. Fueron los mercaderes italianos, los empresarios alemanes, los artistas flamencos, los posaderos franceses y los reclutas portugueses.

El batiburrillo de nuevos usos, hábitos y creencias, aún sin fermentar, y el asentamiento en tierras de muy dispares altitudes y climatología, han dado lugar a un espécimen humano único, pero absolutamente heterogéneo. Lo que podíamos clasificar como «homo sapiens, forma penibética, familia granatense», es decir, un fulano como todos los fulanos, con las mismas manías, los mismos gestos y todas las virtudes y vicios de sus semejantes.

Eso sí, los granadinos de la montaña (de los montes llaman ellos) nada tienen de intimidad con los granadinos de las parameras, como los marengos subtropicales con los vegueros del interior. Son individuos entre lindes y su carácter depende del ámbito geográfico, pero bastaría trasterrarlos para que en un periquete asumieran las maneras, incluso la naturaleza y el temple de los nuevos vecinos. Quizá porque el granadino es permeable, «duro y pertinaz» y naturalmente «conforme». Sin embargo y generalizando, lo que no es justo, aventuramos unas conductas regulares para aviso de curiosos. Las gentes, por lo común, son retraídas, pero abiertas; amables, pero circunspectas; alegres, pero mohínas; laboriosas, pero sin pasarse; ingeniosas, pero inefables; dóciles, pero difíciles; confiadas, pero con reservas; hospitalarias, aunque efectistas; generosas, pero descastadas; intrigantes, aunque inocentes; irónicas, pero entrañables; en fin, buenas gentes, pero gente buena.

La hora del aperitivo en una terraza típica.

Vamos de compras

Granada es una ciudad netamente comercial. Siempre ha sido, y lo es, el mercado matriz de casi toda la provincia. Prueba de ello son los lunes y los viernes, en los que no se puede dar un paso por las calles debido a la afluencia de parroquianos ansiosos por consumir o escaparatear, y eso teniendo en cuenta las pocas horas de estancia en la capital, ya que algunos llegan de lugares tan lejanos como Huéscar (más de 150 km) o Las Alpujarras (más de 100). De ahí que Granada mantenga numerosas y magníficas tiendas, «muy avastadas en mantenimientos y tráfico de diversas cosas», que diría Henríquez de Jorquera en el XVII y añadiría: «y famosas en otras partes por su grande trato». Y así como antiguamente, hoy ir de compras es ir de barrios.

En lo que llamamos centro de la ciudad hay **tres zonas** claramente definidas. **La primera** y más compacta en torno a la catedral. Ahí se encuentra el Zacatín (en árabe «rúa de los ropavejeros»), que desemboca en la plaza de Bibarrambla y ésta, por tres salidas, comunica con la calle de Mesones. Es la ruta de los zapatos, de la ropa confeccionada, de las joyas, del regalo y la bisutería, de la óptica y fotografía y, también, de los juguetes, de las herramientas, de las flores, de los cacharros, etcétera. Entreveradas se encuentran calles comercialmente exóticas: la Alcaicería, zoco de los recuerdos turísticos, de los obsequios tópicos, de los abalorios; la calle del Colegio Catalino, corta y angosta, donde se hallan cerámicas, muebles populares (pino y chopo), quincallería, etcétera; la calle del Marqués Gerona, al lado mismo de la anterior, con toda la gama de cuchillerías; la calle de los Oficios, suplemento de la Alcaicería y, al otro lado de Mesones, la nutridísima calle de Alhóndiga, que comienza con electrodomésticos y acaba con santos y faroles.

La segunda zona está en torno de la fuente de las Batallas y es más dispersa. Después de Reyes Católicos, frontera con el anterior ámbito comercial se encuentra la tela de araña compuesta por la calle de Navas, donde se vende de todo un poco; la de Ganivet, con bodeguitas de modas, anticuarios, regalos, etcétera; la Acera del Casino, que se alarga por la Carrera de la Virgen, de excelentes, modernas y vistosas tiendas; la Acera del Darro, que imita a su homónima y termina en un gran centro comercial, y la calle de Recogidas, vía heterogénea para toda especie de géneros, desde

El mercadillo de la plaza Larga en el Albayzín.

los tejidos y novedades a los aparatos eléctricos, desde las oportunidades a los modelos de firma. En este espacio existen calles laterales y pasajes comerciales muy interesantes, por lo bien surtidos, por la selección de artículos, por la calidad de los productos. Y una larga travesía mercantil, Puentezuelas, donde se puede comprar desde un colchón de primera calidad hasta sacos de hilopita a bajo precio.

La tercera zona, la de la modernidad, la de la gente futura, la más apasionante, se ubica en torno a Pedro Antonio de Alarcón, esa calle que, entre pub y tasca, ofrece el más largo itinerario de comercios noveleros. Lo actual, lo inventivo, lo original e, incluso, lo más calentito en estilo.

Naturalmente, existen esos otros guetos marchantes en los que sólo se encuentra artesanía indígena y antiguallas de cualquier nación. La calle de Elvira es el almacén general de tales artículos, donde es posible adquirir un cacharro de Fajalauza (del XVIII) o un cacharro de *fajalauza* de Bailén (del XX); donde puede aparecer una obra de Alonso Cano, clandestina por supuesto, junto a un orinal francés importado por los Cien Mil Hijos de San Luis. La calle de Elvira, en su retahíla de almonedas, es verdaderamente una aventura de hallazgos, a veces sólo de polvo entre chatarras. Si se desea artesanía local, lo más cómodo es visitar el Centro de Actividades Comunitarias del Albayzín. Allí se exponen y se venden el cobre y el cuero repujados, la taracea, los hierros forjados, la cerámica genuina —tanto la de fajalauza como la sufí—, los tejidos manuales, los encajes, etcétera.

Gastronomía

La gastronomía granadina, dice M.ª Dolores Fernández-Fígares, «recorre un doble camino: por una parte sintetiza los hábitos de muchas culturas y por otra parte se diversifica en matices variadísimos, porque cada comarca, cada pueblo, cada familia tienen sus maneras de preparar los platos». Ello se descubre, por ejemplo, en dos guisos populares: **las migas** y **las habas verdes** con jamón. Del primero, aparte la materia esencial, pan o harina de maíz, se conocen cien recetas que van desde las **migas de matanza** a las **papas migas** y, en algún caso, la frontera culinaria son las lindes entre dos cortijos. Del segundo, con denominación de origen penibética, hay infinidad de modalidades, a veces muy sutiles, como los **chiflotes** de Beas de Granada, a base de **pitos** o habachiqui con vaina y amago de jamón alpujarreño. A pesar de esa diversidad, escribe Gallego Morell, «Granada representa la tradición de la cocina arábigo-cristiana, viva en la España cristiana y mantenida por los moriscos». Claro que, a tal acervo particular, hay que sumar los platos de viejísima solera, como la **olla podrida,** de origen hebreo con enmiendas castellano-medievales; los **guisaíllos** de carne, tan arcaicos, y los **potajes,** hijos bordes de la cuaresma cristiana, ya datados en los primeros siglos de nuestra era, además de ciertos sucedáneos rancheros apadrinados por la abstinencia desde siempre y por la esbeltez dietética en los últimos tiempos.

En primer término destacaríamos las sopas frías o gazpachos, aunque hasta hace pocos años, sobre todo en Granada, se tomaban después de las comidas, a manera de postre fluido. Desde los populares **gazpacho andaluz** (un híbrido creado mas allá de las andalucías) y **ajo blanco** (en Granada, la miga de pan se sustituye por harina de habas) hasta los clásicos **gazpacho casero** (aguachirle con pepino náufrago, enormemente refrescante) y **salmorejo** (la porra antequerana sin tantas proteínas). Además existen el **gazpachuelo**, con heterodoxia de patatas y limones, y el **gazpacho caliente**, reforzado por el pan tostado y el zumo de naranjas.

Como primer plato granadino hay que destacar las **habas verdes con jamón**. De ellas, «frito regional por excelencia», dice Gallego Morell: «Las habas granadinas son jugosas, más sabrosas que las de otras geografías, y se desgranan derramando un color verde que lleva a la cocina todo el paisaje de la vega de Granada para que las frían despacio en el aceite que ya tiene

Productos y guisos granadinos (tortilla del Sacromonte, habas con jamón, aguacates, chirimoyas, etcétera).

el regusto de las lonchas de jamón rehogadas en él; tras varias vueltas termina de freírse el jamón con las habas, de las que queda tierna su envoltura, y se sazonan con sal». Esta legumbre ha engendrado, a su vez, otros guisos netamente penibéticos como la **cazuela de habas verdes** y el **potaje u olla de San Antón,** sito en el 17 de enero como allegado ritual con acompañamiento de cabeza de cerdo, oreja, tocino, morcilla, etcétera, y las espinacas.

Los granadinos son aficionados a los platos de cuchara, especialmente a las ollas y a los pucheros, viáticos de primera clase que no admiten discriminaciones entre los ingredientes. Es el caso de la **olla podrida**, donde la promiscuidad es un ejemplo aleccionador. En ella se mezclan sin reparos el cordero, el cerdo, la ternera, la gallina, los pichones, sus derivados como el chorizo, la morcilla, el jamón y la panceta, etcétera, con los nabos, los puerros, la col, las ciruelas secas, los orejones, la zanahoria, la alcachofa y una amplia asamblea de avíos. Dentro del escalafón de ollas hay que destacar la de **berzas**, una maravilla técnica del vegetal y las leguminosas y la **de peras**, con el sabroso contragusto de las peras campesinas. Entre los pucheros granadinos también anda la lujuria del gusto, como en el **de pitos** o de habas verdes pequeñitas; el **de hinojos**, donde las costillas frescas de cerdo se acomodan al duz de los hinojos, y aquellos otros tan reparadores como el **potaje gitano**, la **cazuela de cardos** y la **de calabaza**, enhilados por los fideos finos y las hierbas aromáticas.

Junto a los pucheros, casi hermanos de gestión culinaria, encontramos los guisos con sello particularmente penibético, como el **guisaíllo cateto**, compuesto con pollo de corral, ternera, cordero, panceta y la comparsa exótica de los piñones, las almendras, el clavo y las plantas de balate, al que emula el **guisote de collejas**, a base de tiratiros silvestres, longaniza alpujarreña y pimientos colorados secos. Son de la familia la **chanfaina**, el **guisado de caracoles** (con muchísimo aroma de tomillo, hierbabuena, orégano e hinojo) y el **choto serrano** a la manera de las Alpujarras.

Luego, a pesar del anatema musulmán que vivieron los granadinos durante siglos, tenemos el tratamiento fuerte de la carne de cerdo, como en el **menudo gitano**, en las **magras con fritada**, en las **manos de cerdo al ajo pollo**, en las **pelonas de lomo** y sobre todo, en el **flan de jamón**. Tino que se aplica, en la misma medida, a la carne de caza menor, deporte en el que los nazaríes eran expertos con miras a la cazuela, ya que el Corán permitía comer liebres y conejos, y de las volátiles todas, preferentemente las grullas, que se apresaban con halcones. Así surgen los sabrosos **andrajos de liebre** y el **arroz liberal**, que incluye, además de la liebre, el conejo de campo y la perdiz. También la **perdiz de la sierra**, con el aditamento morisco de las uvas pasas, la **perdiz en escabeche** y el **faisán con setas**. En el norte de la provincia se gustan los **gurullos de liebre** y la **perdiz con chocolate**. Y si nos limitamos al corral, hay que señalar el **pollo alpujarreño**, una delicia si el vino que se le añade es de la Contraviesa y un par de vasos de blanco de mejorana; la **gallinita a la granadina**, con sus boniatos, espinacas y plátanos (este plato es de origen árabe y se llamaba *sdada garnatia*) y la **pechuga de pollo al Sacromonte.**

De los pescados, las frituras. Una maña cocinera de los andaluces que, en Granada, posee tacto genial. Ahí están los **boquerones adobados**, la **cazuela de pescado frito,** etcétera, y los **boquerones en escabe-**

Gazpacho.

che, la **moraga de sardinas**, la **ensalada de rape**, la **salamandroña**, etcétera , más las **truchas al tomillo**.

Granada, por supuesto, presume de otros platos locales, unos heredados de los árabes andaluces, otros manipulados por los árabes granadinos y muchos con apaños cristianos de origen conventual o de rito festero. De los primeros son la **alboronía**, las **ahras** (albóndigas de cordero), la **tafaya blanca**, el **dulce de higo**, la **perdiz con miel**; de los segundos, el **cordero con granadas**, el **carnero verde** y, entre otros, la **tortilla del Sacromonte** (compadre granadino de las habas con jamón), en la que intervienen con igual presencia los sesos (de cerdo o de cordero) y las criadillas (de cerdo o de cordero), y los huevos de gallina. Y las **papas a lo pobre**, embajadoras de casi todos los menús típicos.

Debemos sumar la repostería conventual, a la que son tan aficionados los nativos. Las monjas de la Encarnación con su **pastelón de perdiz** (ahora, de pollo); las de Zafra, con su **bizcochada** y los **huevos homol**; la **hoja** de las Jerónimas; las de Santiago con sus **compotas**, magnífica la de membrillo. Parientes exclaustrados son la **calabaza dulce de las Alpujarras**, los **pasteles de bacalao**, la **manzana con zarzamoras**, la **torta real de Motril** y el **potaje de castañas**, postre alpujarreño. Bueno, y los **papaviejos** (postre de Semana Santa), las **torrijas con miel de caña,** los famosísimos **piononos.**

Potaje granadino.

En cuanto a vinos, cierto que fueron afamados los de Loja, Algarinejo, Colomera, los blancos de Baza, Huéscar, y los pálidos de la Alpujarra Alta, pero ellos pasaron al recuerdo, a pesar del elogio machacón de viajeros foráneos. «En el siglo XIX» escribe Pablo Amate «comienzan a destacar los vinos de las Alpujarras y Costa». Recientemente, el Ministerio de Agricultura ha aprobado una prenominación de origen *Costa* que abarca desde la Contraviesa (Alpujarra Baja), al litoral granadino. Amate añade: «Son vinos de producción y consumo en su mayoría familiar y tienen unas técnicas de vinificación un tanto ancestrales. Se realiza su fermentación sin control de temperatura, en fudres de 700 a 1.000 litros, de castaño, con una graduación que va de los 10 a los 12 grados, pero que gozan de gran atractivo en la zona». Sin embargo, ya se están embotellando vinos de apreciable calidad, como los de **Barranco Oscuro y Piedras Blancas**, etcétera.

Si el viajero, por un casual, recorre la provincia en tiempo de mosteada, le recomendamos los mostos de Alhama, de Baza, de Beas de Guadix, de Quéntar, de Monachil y de Huétor Vega.

Compras gastronómicas

Escribía Francisco Henríquez de Jorquera (siglo XVII) que «todos los autores que escriben della dicen por grande excelencia que Granada y su Reyno es el más abundante y fértil de Europa con todo lo necesario de sustento y regalo». Dentro de la trinca gastronómica compuesta por el pan, el aceite y el vino, Granada cuenta con notables muestras de excelencia. El **aceite de Los Montes,** obtenido a la vieja usanza artesanal, es enormemente apreciado. El **pan,** con características singulares, bien por el agua, bien por la manipulación casera, ha dado fama a pueblos como Alfacar, Víznar, Cogollos, Capileira, Alcudia de Guadix, La Calahorra, etcétera y ha creado una hornería complementaria genuina de la que debemos recordar los **jayuyos** (hallulla, según la Academia), las **salaíyas** (tortas saladillas), el **rosco de San Antonio** y el **de San Lázaro,** de harina de garbanzos, etcétera.

De **pescadería,** las **quisquillas de Motril,** la **pescada negra de Almuñécar,** las **sardinas** de ambos lugares, el **salmonete de Salobreña,** los **boquerones de toda la costa,** las **truchas de corral de Riofrío** y las **de torrente de las Alpujarras.**

En **volatería,** todas las especies de caza menor repartidas desde los montes Occidentales a las parameras del Norte, desde los altos de las Guájaras a los confines de Jeres del Marquesado. Ahí están las **perdices** y las **torcaces,** que avalan los guisos de la sierra, y los escabeches, y ahí están las **liebres** y los **conejos** definiendo el **arroz Liberal,** los **andrajos** y los **gurullos.**

Del cuerpo vegetal, entre las **hortalizas y verduras,** son estimables las **espinacas** y las **acelgas de la vega** y **de Valparaíso,** las **habas verdes de la vega Alta** y **de la costa,** los **tomates y pimientos del valle** y **las vegas del litoral,** las **habichuelas alpujarreñas,** etcétera. De **frutas,** incomparables, los **melocotones del Fardes,** las **peras de Dólar,** las **naranjas y limones de Lecrín,** las **granadas** y los **caquis** en cualquier rincón, los **higos de Turón,** las **pasas de la Contraviesa,** las **almendras de Albuñol,** las **chirimoyas, aguacates, guayabas,** etcétera, **de la costa,** y las exóticas **azamboas, azufaifas, serbas, almecinas** y **acerolas,** visitadoras del primer otoño. En fin, las deseadas **papas de la sierra, espárragos de Huétor Tájar** y **nueces de Ferreira.**

Entre los productos de **matanza,** incluso industrial, destacan el **chorizo,** único en **Montefrío** y formidable en numerosos lugares de la sierra y de los montes; la **lon-**

ganiza de Soportújar y extramuros de Granada, como **Macarena;** la **morcilla de lustre,** ahora en decadencia; el **queso de cerdo;** la **salchicha blanca** y, sobre todos, el **jamón de Trevélez,** especialmente el casero.

Y la **dulcería,** variadísima y heredera de la morisma. La **tarta Real de Motril,** los **piononos de Santa Fe,** el **tocinillo de cielo de Guadix,** los **peñascos de Bérchules,** los **suspiros de Cádiar,** el **pan de bizcocho de Válor,** las **barretas y los alfajores del Albayzín,** amén de la ya citada y exquisita repostería conventual.

Embutidos y jamones

Mariscal. Acera del Darro, 9. Tel. 22 49 72.
La Cueva. Ctra. Jaén. Maracena.
La Viñuela. Atarfe. Tel. 43 67 10.

Mantequerías

La Holandesa. Joaquín Costa, 4. Tel. 22 53 67.
Arrayanes. Reyes Católicos, 57. Tel. 22 47 15.
La Campana. Alhóndiga, 13. Tel. 26 13 17.
Castellano. Almireceros, 6. Tel. 22 48 40.

Pastelerías

Bernina. Reyes Católicos, 4. Tel. 22 20 42.
Flamboyant. Avda. Pablo Picaso, 11. Tel. 22 80 60.
Flor y Nata. Mesones, 51. Tel. 26 68 39.
Llorca. San Antón, 2. Tel. 26 32 17.
Olimpia. Gran Vía, 21. Tel. 27 90 39.
Alhambra. Recogidas, 48. Tel. 26 12 86.
La Cruzada. Avda. de la Constitución, 46. Tel. 27 27 63.
El Sol. Cuesta del Pescado, 16. Tel. 22 47 29.
Casa Pasteles (son los mejores pasteles de Granada). Plaza Larga, 1 (Albayzín). Tel. 27 89 97.

Confiterías y bombonerías

Danielos. Acera del Darro, 40. Tel. 25 89 15.
Florentia. Recogidas, 48. Tel. 25 03 35.
Confitería Isla (auténticos piononos). Real, 10 (Santa Fe). Tel. 44 01 35.

Portellano. López Castro, 8. Atarfe. Tel. 43 42 87.
Las Niñas. Albolote. Tel. 43 66 60.
Delgado. Plaza de las Palomas, 8. Guadix. Tel. 66 05 94.
Martín López. Comedia, s/n. Motril. Tel. 82 11 00.

Helados
(Estas heladerías sólo venden elaboraciones propias)

Los Italianos (medalla de oro de Granada). Gran Vía, 4. Tel. 22 40 34.

Tonino. Acera del Casino, 11. Tel. 22 16 49.

La Perla. Reyes Católicos, 42. Tel. 22 74 56.

Miel (de las Alpujarras)

Alaminos. Puentezuelas, 4. Tel. 26 50 52.

Almendras (de la Alpujarra Baja)

Almendras Granada. Río Genil, 16. Tel. 27 73 41.

Aceites (del país y obtenidos artesanalmente)

Casería Titos. Ctra. Jaén. Maracena. Tel. 42 01 08.

Misan. Ctra. Armilla, a la salida de Granada. Tel. 57 00 05.

La chirimoya es un fruto característico del microclima granadino.

Alojamiento

La planta hotelera de Granada se encuentra muy concentrada en la capital y en las localidades costeras más frecuentadas por el turismo estival.

A falta todavía de un desarrollo estructural en el interior de la provincia, pletórica de alternativas en función de su paisaje y de la calidad humana de sus habitantes, el grueso de las inversiones privadas sigue produciéndose allá donde la demanda turística asegura una rentabilidad inmediata.

La Alhambra, por ejemplo, reúne en su entorno un buen número de establecimientos, hoteles de mayor o menor categoría que se caracterizan por hospedar a una clientela de grupos organizados, viajando casi siempre en autocar, durante la temporada de vacaciones generalizadas, y compuesta indistintamente por nacionales y extranjeros en visita al recinto monumental nazarí.

La costa, por el contrario, recibe un turismo individual y familiar, mayoritariamente nacional, acostumbrado a desplazarse por sus propios medios y a alojarse en apartamentos o en hoteles de mediana categoría, con estancias medias de una o dos semanas y en régimen de pensión completa. Una demanda concentrada, fundamentalmente, en los dos meses y medio que dura el verano.

Almuñécar, Salobreña y Motril son las aglomeraciones propias de la Costa del Sol granadina, ciudades al

Hotel La Bobadilla.

borde del mar para tomar el sol y sumergirse en la noche mediterránea, aunque todavía no sufran la masificación insostenible del tramo de costa malagueño. Un gran número de estos establecimientos, construidos en la década del *boom* turístico español, andan necesitando ya una profunda renovación.

La tendencia actual apunta a un turismo cada vez más selectivo, interesado en la riqueza patrimonial del país, la geografía interior y los espacios todavía intactos del litoral. En este sentido, la provincia de Granada ofrece dos modelos propios de infraestructuras diseñadas para el turismo interior naciente. Se trata de dos complejos hoteleros aislados en el medio rural, financiados el uno por iniciativa de la Administración autonómica y el otro mediante capital exclusivamente privado: la villa turística de Bubión, en plenas Alpujarras granadinas, y el hotel La Bobadilla, probablemente el más original y llamativo de España.

Junto a estos modelos, aislados de la costa y de la capital, y fuera también de la temporada alta estival, se observa durante los meses de invierno un crecimiento del turismo blanco. De ello se beneficia todo el entorno inmediato de Sierra Nevada, una de las estaciones de esquí más atractivas y mejor dotadas de España. Las perspectivas abiertas con la próxima celebración, en la década actual, del Campeonato del Mundo de Esquí favorecen la renovación de todos los hoteles situados en la estación.

La tipología de la planta hotelera granadina permite establecer cuatro grupos de oferta bien diferenciados. En primer lugar se encuentran los hoteles de cuatro y cinco estrellas, establecimientos de lujo, escasos, bien dotados de servicios e inspirados en una estética arquitectónica andaluza de tiempos califales. Atrae, como es lógico, a una clientela de muy alto poder adquisitivo, exigente con todos los aspectos del servicio y el *genius loci* de los edificios.

En una categoría intermedia se sitúan los establecimientos de dos y tres estrellas, que suman la mayoría de las plazas hoteleras en la capital y en la línea costera. Si bien en los últimos años han aparecido algunos hotelitos de playa con muy buena presencia, la mayoría ofrecen unas instalaciones algo obsoletas, necesitadas de una renovación sincera y medianamente costosa. Los precios que se pueden conseguir a través de agencias son sensiblemente menores que los de tráfico individual, aunque

Patio del hotel Los Fenicios, en La Herradura.

la diferencia no resulta tan espectacular como en otras zonas del litoral mediterráneo.

La oferta de hostales y pensiones se circunscribe a Granada capital y a los pueblos pequeños de la provincia. Su clientela no siempre es de carácter vacacional, con exigencias de servicio limitadas a la temporada de verano; casi todos esos establecimientos siguen un modelo de gestión de tipo familiar, otorgan al cliente un trato acogedor y se mantienen con unos precios muy ajustados.

Por último, en este capítulo de alojamientos *bajo techo* cabe reseñar la categoría de los apartamentos turísticos, generalmente ubicados en la playa, fuertemente estacionales y con un régimen de precios sometido tanto a la política competitiva de las agencias como a los vaivenes de la demanda turística. En cualquier caso, generalmente diferentes a los que se ofertan todos los veranos en los trechos más masificados de cualquier parte del litoral español.

Artesanía

La artesanía granadina es muy diversa y rica en sus tipos. Se dice, como siempre que se habla de Granada, que sus dos grandes inspiraciones le llegan desde la presencia nazarí, de esa cultura arábigo-granadina que tanta fuerza creadora demostró, y de la fuerte impronta del estilo renacentista, que llegó a la ciudad con la conquista cristiana y que perdura hoy, como la marca árabe, en infinidad de trabajos. En algún caso, ambas naturalezas aparecen ligadas, pero lo común es la pureza del patrón original.

En el oficio de **la madera** destaca **la ebanistería,** con sus especialidades complementarias como la talla, la tornería, la marquetería, el tapizado y el barnizado. Junto a esta modalidad artística se desarrolla la **carpintería** del mueble popular, en madera de pino o chopo y de diseño sencillo. Existen numerosos talleres que labran desde muebles de estilo (Luis XV, Luis XVI, Imperio, Renacimiento, Chippendale) hasta muebles rústicos, como el de Molero en el barrio del Zaidín, empresa iniciada en 1888; el de Alejandro Chica, en el que se aplican todas las técnicas, desde el aserrado de la madera hasta el dorado final; el de Sánchez y Navarrete, de ebanistería de restauración; el taller de Carpintería Tradicional, en Capileira, y el de Jiménez, en Baza, para muebles renacentistas. Luego están **los tallistas,** como el establecimiento de Francisco Peral donde la especialidad son los arcones y los taquillones, y el de los Bueno que, además, realizan ajedreces. Y **los doradores**, como Manuel Cuenca, Martín Martínez, Barroso y Carmona, que han hecho de Granada uno de los núcleos principales del dorado en España. Y la **imaginería** en madera con magníficos tallistas policromadores. Pero la artesanía granadina se identifica inexorablemente por **la taracea**, patrimonio de maestría árabe. En taracea la variedad de trabajos alcanza desde los marcos, sillas y mesas hasta los estuches, cofres y bandejas e, incluso, la envergadura de los bargueños y la complejidad de las puertas. Es oficio tradicional en Granada, cuyo aprendizaje se transmite de padres a hijos, como sucede con la familia Riendas o la de los Molero.

En **el trabajo de las fibras vegetales,** como la sillería de anea y **cestería** de mimbre, caña, bambú, esparto, palma, junco, etcétera, destacan los talleres silleros de Guadix, de antigua tradición, y los cesteros de Lanjarón, con una grande renovación en la utilización de fibras exóticas y en el diseño de los productos.

La alfarería mantiene dos caminos muy distintos, el de **los cacharros tradicionales** para uso doméstico y el de la **cerámica clásica** con divisa nazarí. Entre los primeros sobresalen los candiles de Alhama, las orzas de Huéscar, los botijos de Guadix, las alcarrazas de Loja, los cántaros de Motril y las zambombas de Monachil y, naturalmente, las macetas, las fuentes, las cazuelas, etcétera. Tienen especial relevancia los hornos de Guadix, que elaboran con delicadeza y esmero la filigrana de la *jarra accitana.* Cierto que la cerámica granadina guarda un carácter propio, singular, debido —Según nos comenta la *Guía de Artesanía de la provincia de Granada*— a que «hereda las técnicas, modelos y decoración que ya se practicaban en la ciudad durante los nazaritas, como **la andalusí,** la de **reflejos metálicos,** la de **cuerda seca** o la más propiamente llamada granadina o **de Fajalauza**». Esta cerámica de Fajalauza (toma el nombre de la puerta árabe junto a la cual estuvieron y están los talleres) se fabrica desde el siglo XVI, con el mismo sello, la misma ornamentación, los mismos tonos y, hasta hace pocos años, con los mismos hornos de retamas de origen árabe. Aparte de que en los comercios de recuerdos y en las cacharrerías de la ciudad se encuentra toda la gama de *fajalau-*

Alfarero trabajando la jarra accitana.

zas, se pueden visitar los establecimientos de los Morales, cerámica de Fajalauza, en el camino de San Antonio; cerámica Árabe de San Antonio, en San Isidro; y los obradores de Miguel Yedra y cerámica Aliatar. La de reflejos metálicos y la denominada andalusí, con diseños de los siglos XI al XV y técnicas recuperadas, se deben al interés investigador de Bernardo Sánchez y otros ceramistas, en cuyo taller de Al'Yarrar se venden extraordinarias piezas. Igualmente tradicional es la alfarería de *santicos* o de **figuras de barro** que representan con fidelidad a personajes populares granadinos y que, hasta no hace mucho, recreaban imágenes de vírgenes y santos locales.

Otro apartado de la artesanía con reminiscencias árabes, que se conserva con bastante vigor, es el del **metal,** con sus ramas de caldereros, herreros y hojalateros. Son oficios de herencia familiar, lo que mantiene la garantía de las formas y la pureza del acabado, aunque en el gremio de la **calderería** ha comenzado a entrar la maquinaria. A pesar de ello, la calderería de cobre insiste en su prestancia dentro de la artesanía de los metales y sus ánforas, braseros y peroles repujados y cincelados son bien apreciados. Los **herreros** y **forjadores** granadinos, de los que quedan algunas fraguas y talleres, realizan obras de rejería (puertas, cancelas y balcones) y de ornamentación (lámparas, faroles, candiles, etcétera), sobresaliendo talleres como los de los Fajardo, los Polo, Antequera y Pintor, con una obra importante de restauración y creación de faroles artísticos en hierro forjado. También tuvo su pujanza la forja de romanas, oficio en el que destacó la familia Reyes (un último representante aún labora en las Veredillas de San Cristóbal), y Pepico el Romanero, notabilísimo artesano que trabaja en el Albayzín. La **hojalatería** artística es una artesanía especializada y en Granada la construcción de faroles conserva un alto valor decorativo, dicen que legado por la técnica y el diseño de los musulmanes. Lo cierto es que el farol de metal y cristal, con sus estructuras arabescas, tiene un enorme aprecio de los indígenas y raro será encontrar una vivienda o un local oficial o comercial que no presida algún fanal, farol o pantalla de hojalata, de latón o de estaño. En los diseños de estas obras han intervenido el repujado, calado y cincelado para definir los modelos hispanoárabe, mudéjar, renacentista y barroco. Los talleres más interesantes son el de Pedro Fernández, el de Manuel Ortega y Lampistería López, en el Albayzín.

Tejedora de Bubión.

La **artesanía textil** abarca el bordado en tul, los tejidos y las alfombras y tapices. El bordado en tul, absolutamente manual, se utiliza generalmente para elaborar mantillas, velos, echarpes y, en algún caso, manteles, juegos de cama, cortinas, etcétera. Las mantillas se confeccionan con seda y las mantelerías con hilo. La tejeduría tradicional está dispersa por la provincia, abundando los telares, no sólo en Granada, sino en distintos pueblos de las Alpujarras, de las Vegas altas, de los Montes, donde se tejen desde bolsos a alfombras. La tradición musulmana, en cuanto a modelos, decoración, gamas de color y técnica, se mantiene en los tejidos denominados alpujarreño, granadino y de mota. La diversidad de productos es grande, desde cortinas, colchas, manteles, mantas, etcétera, hasta prendas de vestir, como ponchos, toquillas, bufandas, etcétera. Y las alfombras y tapices, con personalidad local.

También hay que señalar **la orfebrería**, que dio renombre al Zacatín y que los actuales joyeros conservan en su más pura esencia. Y la construcción de **instrumentos musicales**, especialmente guitarras, laúdes, bandurrias y mandolinas. Se asegura que Granada es uno de los lugares donde existe mayor número de *luthiers* y que sus instrumentos se caracterizan por la gran calidad. La construcción de guitarras es completamente manual, sean de concierto o flamencas, y los artesanos, además de ser maestros en marquetería, ebanistería y barnizado, han de estar dotados para la música y sus sonidos, pues sin ese don no se entendería un buen guitarrero. Y buenos son Francisco Manuel Díaz, continuador de Eduardo Ferrer; Antonio Marín y Manuel López, entre otros. José Pérez Mingorance, caso único, construye violines, violas y violonchelos.

Y, por último, hemos de reseñar **la marroquinería**, de solera en Granada, ya que fue una de las principales actividades locales en siglos pasados. Dice la *Guía de Artesanía de la provincia de Granada*: «La curtición de pieles en las tenerías del Darro hizo de Granada un centro distribuidor de curtidos de primera magnitud. El fácil aprovechamiento de pieles, la limpieza de las aguas y la abundancia de curtientes vegetales favorecieron este poderío en el cuero hasta llevar el curtido granadino a toda España e, incluso, al exterior». Hoy se sigue esa tradición y al cuero repujado se le suma el policromado, a la manera de Córdoba, denominado guadamecil, y así se elaboran cofres, escribanías, marcos, tableros de ajedrez, etcétera, en verdaderas muestras artísticas. También se trabajan en marroquinería bolsos, carteras de mano y de bolsillo, cinturones y variedad de objetos decorativos. Los talleres de repujado más interesantes son los de Diego de la Cruz, Diego Campos y Eduardo Ferrer, y de marroquinería, Talabar, en Granada, y algunos situados en la Alpujarra Alta.

Labores de cestería en Lanjarón.

Relación de artesanos

Cerámica decorada tradicional

Manuel López Aznar (Cerámica San Miguel). Tres Cruces, 22. Armilla.
Manuel Álvarez Morente. Atarfe.
Antonio García Fabre. Almendros, 5. Granada.
Bernardo Sánchez Sánchez, Al-Yarrar. Bañuelo, 5. Granada.
Cecilio Morales Moreno (Cerámica Fajalauza). Fajalauza, 2. Granada.
Agustín Morales. Plaza San Isidro, 5. Granada.
Antonio Latorre (Cerámica Árabe San Isidro). Peligros.

Alfarería tradicional

Antonio Fernández. Enrique Carrasco, 12. Almuñécar.
Alberto Recio. Cortijo de la Umbría. Atalbéitar.
Miguel Cabrerizo (Alfarería Cañada de Perales). Guadix.
Miguel Cañizares. Cuesta de Gomérez, 42. Granada.
J. A. Ramos Muñoz. Madre Alta, 16. Lanjarón.

Vidrio

Javier Hervás. Plaza Realejo, 15. Granada.
Rafael Spínola. Pintor López Mezquita, 5. Granada.

Forja de hierro

Enrique Fajardo. Alhacaba, 58. Granada.
Miguel Antequera. Callejón del Conde, 3. Granada.
Miguel Carrasco. Horno del Vidrio, 11. Granada.
Jesús Pintor. Ceniceros, 13. Granada.
José Reyes. Veredilla de San Cristóbal, 19. Granada.

Latón y cobre

Rafael Avilés. Alhacaba, 106. Granada.
Pedro Fernández. Buen Suceso, 39. Granada.
Hermanos Rodríguez Salas. Principal de San Bartolomé, 9. Granada.

Marroquinería

Talabar (Enrique Martín). Larga de San Cristóbal, 46. Granada.
Eduardo Ferrer. Agua del Albayzín, 19. Granada.
Diego Serrano. Solares, 4. Granada.

Textil (encajes)

Elena Ariza. Lindaraja, 1. Granada.
Sacramento Morales. Nueva del Rosario, 2. Cúllar Vega.

Alfombras y tapices

Consuelo Castro (Alfombras Albayzín). Placeta de la Charca, 9. Granada.
Tejidos Artísticos Fortuny. Plaza Fortuny, 1. Granada.
Emilio Andrade (La Alpujarreña). García Lorca, 40. La Zubia.
Manuel Megías. Puente Mariano, 2. Granada.
José Medina García. Beas de Granada.

Joyería

Fernando y Miguel Atienza. Alcaicería, 12. Granada.
Enrique Salas. San Matías, 12. Granada.
Rafael Moreno Romera. Cuesta de Gomérez, 19. Granada.

Instrumentos musicales

Vicente Checa. Agua, 2. Baza.
Antonio Ariza. Cuesta de Gomérez, 33. Granada.
Eduardo Ferrer. Cuesta de Gomérez, 26. Granada.
Antonio Durán. Cuesta de Gomérez, 30. Granada.
Manuel Fernández. Cuesta de Gomérez, 36. Granada.

Talla de madera

José Beltrán. Almanzora Alta, 20. Granada.
Francisco Peral. Niños Luchando, 10. Granada.
Gabriel Expósito. Juan Cristóbal, 10. Granada.
Manuel Sabada. Plaza Comedias, 1. Gabia la Grande.
Luis Bueno. Enriqueta Lozano, 6. Granada.

Taracea

Francisco Rienda. Cuesta del Chapíz, 6. Granada.
Antonio Beas. Cuesta del Pescado, 10. Granada.
José Carvajal. Santa Escolástica, 16. Granada.
Miguel Laguna. Real de la Alhambra, 30. Granada.
Antonio González. Cuesta de Gomérez, 16. Granada.
Emilio Valdivieso. Almanzora Baja, 12. Granada.

Juguetes

Francisco J. Muñoz (Juguetes artesanos). Cortijo de Pretel, parcela 20. Albolote.
Lucas Valentín (La Tarasca). Plaza de Benalúa, 11. Granada.

Fiestas y tradiciones populares

Decía Jovellanos que el Pueblo necesita esparcimiento, no espectáculos. Y añadía: «No ha menester que el Gobierno lo divierta, pero sí que le deje divertirse». Sobre tal cuestión, sin embargo, la manía de ciertos gobernantes ha sido inquisidora y, en España, donde el arraigo de las fiestas populares posee viejísimo abolengo y, por lo mismo, la impronta heterodoxa, es decir, liberal e independiente, los políticos han tratado de manipular o asumir, cuando no de refrenar o proscribir, muchos festejos populares al considerarlos impropios, torpes o atentadores al espíritu oficial.

Hoy, después de tantos años de espectáculos en los que el autor-empresario-actor fue la dictadura y al cabo de una larga década en la que el control y la financiación provenía de mano democrática, el pueblo comienza a administrar sus regocijos y se entrega a la recuperación de las fiestas populares, las suyas, las que le satisfacen.

En Granada, donde se perdieron numerosos divertimentos y jolgorios campechanos debido a esa paternidad rijosa de los gobernantes, se han comenzado a recuperar, quizá desde la nostalgia, festejos, verbenas y romerías de añeja solera, encuentros comunitarios en los que el Pueblo se siente a gusto, en su mundo. Aunque otros muchos regocijos, aniquilados por la intolerancia o dañados por la tergiversación autoritaria, son difíciles de restaurar y es lástima.

Entre ellos han desaparecido, hace bien poco, **las Pasaderas,** recuerdo fiel de las fiestas tiberinas y posiblemente bagaje cómico de los primeros tiempos de la romanización. Eran el atractivo de la festividad de San Pedro y se llevaban a cabo en el río Darro, que cerca los cimientos del templo. Consistían en una serie de cucañas sobre las aguas mínimas y apacibles, grandes piedras untadas con jabón, pértigas engrasadas, etcétera, que hacían resbaladizo el paso hasta la otra orilla en donde esperaba el premio, casi siempre un jamón. Y era de ver la habilidad equilibrista de los concursantes y sus divertidísimos chapuzones. Otra de las idas para siempre es la fiesta de **los Mecedores,** por el día de San Antón, con su famosa **olla de jeta de cerdo** y con su aportación caudal de canciones de mecedor o columpio. También se esfumaron **la romería de San Isidro,** cuyos protagonistas eran el rosco de garbanzos, las carretas floreadas y los exabruptos devotos de los cabreros de San Juan de Letrán o los gañanes del Darrillo, y la

Cristo del Consuelo o de los Gitanos. Semana Santa.

feria de Gracia, la más democrática de todas las granadinas. En estas fechas anda en vilo **el Día de la Toma,** por mor de etimología política, y es posible que, si no desaparece, se llame *el día de la Entrega*, como ha sido desplazado el día de **San Cecilio,** patrón de la ciudad, y **la romería al Sacromonte,** expropiada al declarar la fecha laboral y lectiva.

Sin embargo se han recuperado, o casi, **la subida al Monte,** romería de San Miguel arropada por los frutos exóticos, como las acerolas, las azufaifas, las servas, las azamboas, etcétera, y la **de la Mariana,** verbena en recuerdo de la heroína de Granada.

Así, pues, en la capital se celebran, por orden cronológico, la **fiesta de la Toma,** 2 de enero, en conmemoración de la entrega de Granada y su Reino a los Reyes Católicos por el Rey nazarí el día 2 de enero de 1492. El 1, desde el balcón del Ayuntamiento, se tremola el estandarte real y el pueblo granadino, congregado en la plaza del Carmen, responde por tres veces con un «¿Qué?» a las palabras rituales del tremolante que exclama «¡Granada!» El día 2, hay una procesión cívico-religiosa y el personal sube a la torre de la Vela para sacudir el badajo de la campana, unos porque con ese gesto afirman la unidad hispánica, otras porque tocando la campana se casan dentro del año y la mayoría por hacer ruido, aunque, eso sí, el sonido de los toques es bellísimo.

El 1 de febrero la **fiesta de San Cecilio**, en estos últimos días trastocada de calendario. La gente sube

Cruz de Mayo en el paseo de los Tristes.

Fiesta de la Entrega de Granada a los Reyes Católicos.

a la abadía del Sacromonte, lugar donde sufrieron martirio el patrón de Granada y sus siete compañeros, se oye una misa solemne, se visitan las cuevas y los hornos de suplicio; por la tarde se baila y, sobre todo, se degusta, como se dice ahora, la tortilla del Sacromonte. A la abadía se va y se viene por el camino del Sacromonte, aquel de la zambra y el jolgorio cañí, bordeando Valparaíso, el magnífico valle del Darro, y bajo la vigilancia soberana del Generalife.

tiendo en festividad de las *papas a lo pobre* en los alrededores de la capital, lo que es un buen oficio lúdico.

El 3 de mayo es la **fiesta de la Cruz**, arcaica devoción ya que procede de las *mayas*, en honor de la primavera. Es propio del día instalar cruces floridas en las calles, plazas y patios de las viviendas, altares a los que se añaden toda clase de adornos, desde los mantones de Manila a los peroles de cobre; desde la **manzana**, para que nadie intente ponerle **pero** a la Cruz, a las **tijeras**, para cortarle la lengua al que ose ponerle el pero. Es una fiesta bulliciosa, de las denominadas típicas o andaluzas, quizá porque la gente se viste con trajes típicos o porque se alborota a la andaluza.

El 26 de mayo, **aniversario de la muerte de Mariana de Pineda,** la joven que dio su vida por defender la libertad, se celebran actos culturales y verbenas en la plaza de la heroína, entre ellos la visita a la cripta de la catedral, donde está enterrada Marianita, y el paseo homenaje hasta el Triunfo, donde fue ejecutada.

El **Corpus Christi**, sin fecha determinada pero siempre en mayo o junio, es la **Fiesta Mayor**, con su feria interminable y sus adictos de toda la provincia. El miércoles anterior sale **la Pública**, cabalgata que recorre todo el itinerario anunciando las fiestas, presidida por **la Tarasca**, que viste a la última moda, y rodeada por los cabezudos, los gigantes, la chiquillería y los chimpúm de las bandas musicales. El jueves se celebra la procesión del **Santísimo**, realmente fervorosa y enormemente hermosa, a pesar del barullo de personal y del agobio climatológico. La feria tiene su casetal en las afueras, donde se bailan sevillanas, se presume en coche de caballos o sólo a caballo, se tapea, se monta en los columpios y se trasnocha. Ello adobado con las corridas de toros, que no faltan.

En septiembre, según caiga el último domingo, tiene lugar la procesión de **la Virgen de las Angustias**, patrona de la ciudad, con el costumbrismo de los frutos otoñales que citábamos para la **romería de San Miguel**, romería que, por cierto, se celebra casi a la par, cuando no en la misma fecha.

El 12 de octubre, solemnidad **del Descubrimiento** (ahora se habla del Encuentro) **de América,** con tremolación del estandarte Real en la capilla Real, ante los sepulcros de los Católicos, y grande aparato de gracias al Señor de los Ejércitos.

En calendario apropiado se ubican la **Semana Santa**, manifestación católica de las más serias en el ámbito nacional con procesiones impresionantes como las del Albayzín y la de Santa María de la Alhambra, y los **Festivales Internacionales de Música y Danza** (desde junio a julio), que tienen lugar en la Alhambra (palacio de Carlos V, patios de los Arrayanes y de los Leones), jardines del Generalife y Centro Municipal Manuel de Falla, donde se imparte el Curso Internacional de Música. Antes se realiza el **Festival Internacional de Teatro** (mayo y junio) y en noviembre el Festival Internacional de Jazz.

Semana Santa en Granada.

En la provincia, donde son numerosos los festejos y las romerías, hemos de destacar el **Carnaval,** y el festival de la Canción Andaluza (15 de agosto) en Alhama de Granada; en Almuñécar, aparte de la festividad de la Virgen del Carmen, con procesión marítima, las romerías de agosto y las fiestas patronales, en septiembre; en Baza, festividad de la Virgen de la Piedad, con **la epopeya del Cascamorras,** síntesis de la inquina entre moros y cristianos, que comparte Guadix; en Loja, la Semana Santa y sus **incensarios**, digna de presenciar, además de la fiesta campera conocida como **atar al diablo**, y los jolgorios de la **feria chica** en junio y la **feria grande** en agosto; en Guadix, la romería de San Antón en enero, las patronales de San Torcuato en mayo, y las ferias y fiestas de septiembre.

Y, por supuesto, las genuinas fiestas de moros y cristianos, con denominación de origen, en Válor, Zújar, Murtas, Quéntar, Cogollos de Guadix, Vélez de Benaudalla, Orce, Aldeire, Banamaurel, etcétera, remembranza de la rebelión de los moriscos de las Alpujarras.

Calendario de fiestas en la provincia

Albondón: 25 de agosto, en honor de *San Luis de Francia.*

Albuñol: 17 de marzo, *San Patricio.* 25 de abril, *San Marcos.*

Alhama: 25 de abril, *romería de San Marcos.* 24 al 27 de junio, *fiestas Patronales.* 14 de agosto, *festival de Canción Andaluza.* 8 al 11 de septiembre, *ferias.*

Almuñécar: *Semana Santa,* cuyos desfiles procesionales se remontan al siglo XVI. 5 al 15 de agosto, *ferias y fiestas de Nuestra Señora de la Antigua,* patrona. Octubre, *fiesta de la Chirimoya.*

Atarfe: 5 al 7 de septiembre, a su patrona *Santa Ana.*

Baza: 6 al 15 de septiembre, *feria y fiestas en honor de la Virgen de la Piedad,* con la tradicional llegada del «Cascamorras», que viene de Guadix y es recibido divertidamente por los bastetanos.

Bérchules: 25 y 26 de abril, *San Marcos.* 27 y 28 de julio, *romería de San Pantaleón.*

Bubión: 17 de enero, *San Antón.* 20 de enero, *San Sebastián.*

Cádiar: 3 de febrero, *San Blas.* 5 al 9 de octubre, *feria y fiestas.*

Caniles: 20 de enero, *Robo del Santo,* en el que grupos de jóvenes se ponen de acuerdo para robar el pendón de la procesión; los que lo consiguen, corren con el gasto de la fiesta.

Capileira: Último domingo de abril, *Nuestra Señora de la Cabeza.*

Cogollos de Guadix: Último domingo de abril. *Moros y Cristianos* y *romería de Nuestra Señora de la Cabeza.* 30 de diciembre al 1 de enero, *fiesta de la Carretá* con repartición de pino entre el vecindario y hoguera.

Dúrcal: 2 al 4 de febrero, *San Blas.* 30 de agosto a 3 de septiembre, *feria y fiestas.*

Guadix: 17 de enero, *San Antón,* con romería a la ermita del santo. 17 de mayo, *San Torcuato,* patrón de la ciudad. Primera decena de septiembre, *feria y fiestas,* con la salida del «Cascamorras» hacia Baza.

Huéscar: 17 de enero, *San Antón.* Domingo de Pentecostés, *romería a la ermita de las santas Alodia y Nunilón,* patronas, a su vez, de Puebla de Don Fadrique.

Iznalloz: 15 de mayo, *San Isidro.* 4 de septiembre, *Nuestra Señora de los Remedios,* patrona de la ciudad.

Lanjarón: 20 de enero, *San Sebastián,* patrón. 7 de octubre, *Virgen del Rosario.*

Loja: 25 de abril, *San Marcos.* 15 de mayo, *San Isidro.* 4 de junio, *primera feria.* 16 de julio, *Nuestra Señora del Carmen.* 28 de agosto al primer domingo de septiembre, *feria y fiestas en honor de la patrona, Virgen de la Caridad.* El día de Resurrección se celebra la *feria de las Mujeres.*

Mecina Bombarón: 15 de mayo, *San Isidro.* 29 y 30 de septiembre, *San Miguel y la Virgen de los Remedios.*

Moclín: 5 de octubre, *romería y fiestas en honor del Santo Cristo del Paño,* muy milagroso.

Montefrío: 14 al 17 de agosto, *feria y fiestas patronales.*

Motril: 13 de enero, *Voto de la ciudad por los terremotos de 1854.* 16 de junio, *Virgen del Carmen,* con procesión marítima. 11 al 18 de agosto, *feria y fiestas patronales en honor de Nuestra Señora de la Cabeza.* Octubre, *fiesta de Otoño.*

Órjiva: Viernes anterior al viernes de Dolores, en honor del *Cristo de la Expiración,* patrono de la ciudad. 29 de septiembre al 2 de octubre, *feria y fiestas.*

Pampaneira: 3 al 5 de mayo, *fiesta de la Santa Cruz.*

Pinos Puente: 20 al 24 de agosto, *feria y fiestas.*

Salobreña: 24 de junio, *San Juan.* 29 de junio, *San Pedro.* La *fiesta de Nuestra Señora del Rosario* se celebra el 7 de octubre.

Trevélez: 13 de junio, *San Antonio,* patrón del lugar, con populares luchas de moros y cristianos. 5 de agosto, *Nuestra Señora de las Nieves,* con romería a la cumbre del Mulhacén, a 3.482 metros de altitud.

Ugíjar: 10 al 14 de octubre, fiestas patronales y feria en honor de la *Virgen del Martirio,* patrona de la ciudad y de todas las Alpujarras.

Válor: 14 y 15 de septiembre, *fiesta al Cristo de la Yedra,* patrón de la villa, con batallas de moros y cristianos.

Yégen: 1 y 2 de enero, *en honor del Niño Dios y Nombre de Jesús.*

El flamenco

Granada es un caso muy especial en la historia del arte flamenco, pues discurre por cauces distintos a los del resto de las provincias andaluzas. Cauces enmarcados fundamentalmente en ese espectáculo genuinamente granadino que conocemos con el nombre de zambra, que es una forma diferente de concebir e interpretar el cante y el baile, con estilos exclusivos que no se ejecutan en ningún otro lugar.

Los viajeros extranjeros del siglo pasado que, por supuesto, acudían necesariamente a Granada, porque ya entonces esta ciudad ejercía esa peculiarísima fascinación que aún hoy sigue ejercitando, hablan invariablemente del fenómeno flamenco. Sobre todo del baile, que es siempre lo más llamativo para quienes vienen de fuera.

Así, Teófilo Gautier, en 1840, cuenta cómo vio en algunas calles del Albayzín, desiertas y con evidentes signos de pobreza, bailar el zorongo gitano a «una muchachita de ocho años, completamente desnuda», acompañada por una hermana que arrancaba a una guitarra, con el dedo pulgar, «un sonido muy semejante al estridor ronco de las cigarras», mientras la madre, «ricamente vestida, el cuello cargado de collares de cristal, llevaba el compás con el pie...».

Cuando el barón Charles Davillier y Gustavo Doré recorren España en 1862, parece que el Sacromonte era el lugar de visita obligada para los turistas, y precisamente para presenciar *bailes de gitanos.*

Estas celebraciones *improvisadas* debieron ser los precedentes más inmediatos de las zambras, que ya en la década de los sesenta del siglo pasado era una realidad.

La primera de estas zambras históricamente documentada fue la creada por **Antonio Torcuato Martín,** abuelo del Pillín y apodado **el Cojón,** que luego alguien por escrúpulos cambió por **Cujón.** Aquella primera zambra estuvo por los bajos de una casa de la Placeta del Humilladero, donde el Cujón tenía una herrería. Torcuato, al parecer, tocaba la guitarra con facilidad sorprendente y cantaba jondo «con el desgarre de su raza».

Con olfato para los negocios, en la herrería citada el Cujón habilitó varias salas. Para actuar allí contrataba a los mejores *artistas* que pululaban por las cuevas en torno a la ciudad. Y si la importancia de la fiesta que se preparaba lo aconsejaba y había dinero para pagarlo, la zambra se trasladaba a un local más apropiado, en alguna de las fondas establecidas en la Alhambra.

En esta zambra primera del Cujón comenzaron a hacerse notorias algunas de las luego más famosas figuras del arte del Sacromonte granadino, como **Diego el Talones, el Frasquirri** con su mujer **Carmen la Pella, los Cortés** o **Cagachines, los Amaya** y **los Mayas, la Chata, la Cotorrera** y **la Golondrina,** entre otras muchas.

Estas zambras, que después se asentaron en las cuevas del Sacromonte pintorescamente acomodadas para tal fin, fueron durante mucho tiempo lo más característico del flamenco granadino. Hoy han pasado a la historia y el espectáculo de la zambra no está vigente salvo en algún montaje esporádico para el teatro o con motivo de alguna celebración circunstancial. No obstante, en el camino del Sacromonte quedan algunos establecimientos en que hay un buen ambiente flamenco, y ocasionalmente puede asistirse a actuaciones cuando el cliente, habitual o de paso, solicita que esas actuaciones se celebren y, por supuesto, las financia. La **Cueva de la Rocío** (tel. 22 71 29), la **Cueva de la Bulería** (tel. 22 43 15) y la **Terrada de Juanillo** (tel. 22 30 94) son los más característicos de tales establecimientos.

Pero volviendo a la historia, demos un salto en el tiempo para situarnos en el año 1922, cuando Manuel de Falla, García Lorca y otros intelectuales promovieron la celebración del Concurso Nacional de Cante Jondo en Granada.

En las vísperas del concurso el *ambiente* flamenco en Granada se caldeó de manera extraordinaria, pero evidentemente artificiosa y poco espontánea. Surgieron por doquier *academias* de cante jondo. Al final no se descubrió realmente ningún gran valor, repartiéndose el primer premio un viejo conocido como **El Tenazas** y un niño llamado Manolito Ortega, después famoso con el nombre de **Manolo Caracol,** cuyo genio habría saltado igualmente a la evidencia al margen de aquel concurso.

En los últimos tiempos la vida flamenca en Granada ha tenido una trayectoria irregular. Junto a las actividades de la **Peña La Platería,** una de las más antiguas de España y de las más prestigiosas, el flamenco comercial se centró en las cuevas del Sacromonte y en la ocasional existencia de algún tablao. Hay que señalar también que su famoso **Festival Internacional de Música y Danza** suele programar en cada edición alguna sesión flamenca de calidad. Hay también, en la provincia, algunos **festivales** veraniegos bien acreditados, como, por ejemplo, los **de Gabia la Grande, Loja, Oguijares,** entre otros.

Si no es una vida flamenca muy estimulante la actual en Granada, sin embargo, hay que señalar que algunos artistas granadinos han alcanzado posiciones de privilegio por su valía personal en el panorama del flamenco de nuestro tiempo. La guitarra granadina siempre ha tenido especial significación en esta provincia. Citemos al recientemente desaparecido **Manuel Cano,** quien llevó la enseñanza de la guitarra flamenca a la Universidad de Córdoba y, a la par que una importante tarea como concertista, realizó otra de investigador en su disciplina, dejando sobre el tema numerosos escritos, entre ellos un importante libro en torno a la guitarra flamenca.

De Granada es también una fundamental **dinastía** de guitarristas flamencos, la **de los Habichuela.** Actualmente son cuatro hermanos —Juan, Pepe, Luis y Carlos— y numerosos hijos suyos quienes aseguran la supervivencia de una escuela de guitarra gitana, sobre todo en el acompañamiento al cante, en el que Juan, el actual patriarca de la dinastía, es un maestro inconmensurable.

En el baile hay que mencionar necesariamente a **Mario Maya,** quien si bien es verdad que nació circunstancialmente en Córdoba, pertenece a una familia granadina y en Granada se formó fundamentalmente. Mario Maya es en la actualidad quizás el primer nombre del baile flamenco masculino, en el que ha demostrado rigor e inventiva a la vez, creando obras flamencas de una inusual jerarquía. El primer Giraldillo del Baile fue un reconocimiento público de la gran clase de bailaor de Mario Maya.

Y en el cante Granada ha dado uno de los nombres capitales de nuestro tiempo: el de **Enrique Morente.** Cantaor de enorme capacidad como músico, su personalidad supera con mucho la del artista convencional. Enrique Morente, en tiempos de una gran sequía creadora entre los artífices del arte jondo, es el único que está arriesgando realmente en la búsqueda de nuevas fórmulas expresivas sin salirse de la esencia del flamenco. Y ha llevado al cante a todas las posibilidades imaginables que ofrece la música actual, incluida la clásica.

Hoy en Granada el flamenco no tiene muchos centros de desarrollo. Aparte los establecimientos ya citados del Sacromonte, podemos citar los **Jardines Neptuno** (Arabial, s/n, tel. 25 20 60), el **tablao La Reina Mora** (Mirador de San Cristóbal, sólo abierto al público en la temporada turística), el **Rincón de Antonio** (Fuentenueva, 11, con actuaciones flamencas en viernes y sábados), **Carmen de Curro Albayzín** (Los Negros, 9, tel. 28 55 37), **Peña Almendrita** (Mulador de Doña Sancha, s/n, en Albaycín) y la **Venta Luciano,** en Almuñécar (Barriada Torrecuevas, tel. 61 13 79, espectáculo viernes y sábados).

GUÍA PRÁCTICA

GUÍA PRÁCTICA

Código telefónico: 958

TRANSPORTES

CARRETERA

La N-323 enlaza a Granada, por el Norte, con Jaén, Bailén y Madrid, y por el Sur con Motril. La N-432, al Noroeste, con Córdoba y Badajoz. La N-321, al Oeste, con Málaga. La N-342, al Oeste, con Sevilla y Cádiz; al Este, con Murcia y, desde Guadix, por la N-324, con Almería.

Estación de autobuses:

Avda. Andaluces (junto a estación ferrocarril).
Taquilla: Bacoma.
Teléfono 28 18 83.

Salidas diarias de Granada hacia Madrid y Barcelona, además de a casi todos los puntos de Andalucía.

Autobuses en Granada:

- **Línea 1:** centro, avenida. Constitución, Almanjáyar. De 7 a 24 h.
- **Línea 2:** centro, Alhambra. Cementerio. De 8 a 21 h.
- **Línea 3:** Concha de Cenes, avenida Constitución, Almanjáyar. De 7 a 23 h.
- **Línea 4:** Zaidín, Gran Vía, Chana. De 6,25 a 23,30 h.
- **Línea 5:** Zaidín, plaza Gran Capitán, Nueva Granada. De 7 a 22 h.
- **Línea 6:** centro, Gran Vía, calle de Maracena. De 6,50 a 23,05 h.
- **Línea 7:** Divina Infantita, Reyes Católicos, plaza Grande. De 7,10 a 22,50 h.
- **Línea 8:** Zaidín, Gran Vía, polideportivo Cartuja. De 6,30 a 22,35 h.
- **Línea 9:** Cervantes, Gran Vía, Chana. De 6,55 a 23,15 h.
- **Línea 10:** Zaidín, camino Ronda, Bobadilla. De 6,50 a 22,50 h.
- **Línea 11 (circular):** centro, camino Ronda, centro. De 7,30 a 22,52 h.
- **Línea 12:** centro, Albayzín, centro. De 7,40 a 23,00 h.
- **Línea U:** plaza Einstein, Severo Ochoa, campus Cartuja. De 7,45 a 20,00 h.
- **Línea F:** puerta Real, calle Murcia, El Farque. De 7 a 22 h.

Autobuses a Sierra Nevada:

Autocares Bonal.
Avda. de la Constitución, 34.
Teléfono 27 31 00.
Salida de Granada a las 19 h.
Salida de Sierra Nevada a las 17 h.

Alquiler de coches

- **Ata, S. A.**
  Plaza de Cuchilleros, 1.
  Teléfono 22 40 04.
- **Atesa.**
  Recogidas, 24.
  Teléfono 25 70 02.
- **Autos Fortuna.**
  Camino de Purchil, 2.
  Teléfono 26 02 54.
- **Autos Gudelva.**
  Pedro Antonio de Alarcón, 18.
  Teléfono 25 14 35.
- **Autosur.**
  Lonja, 1. Almuñécar.
  Teléfono 63 03 65.

- **Avis.**
  Recogidas, 31.
  Teléfono 25 23 58.
  (También tiene servicio en el aeropuerto.)
- **Hertz.**
  Recogidas, 46.
  Teléfono 25 16 82.

Automóviles. Agencias oficiales

- **BMW. Nevauto, S. A.**
  Paseo de Ronda, 181.
  Teléfono 29 41 61.
- **Citroën Autotibeso.**
  Avenida Andalucía, s/n.
  Teléfono 27 67 50.
- **Peugeot.**
  Cisne, 5.
  Teléfono 20 30 11.
- **Renault.**
  Camino de Ronda, 97.
  Teléfono 27 28 58.
- **Seat.**
  Camino de Ronda, 154.
  Teléfono 20 31 09.
- **Volkswagen.**
  Autopista de Badajoz, s/n.
  Teléfono 27 55 00.

Agencias de viajes

- **Ecuador.**
  Ángel Ganivet, 8.
  Teléfonos 22 35 56-67.
- **El Corte Inglés.**
  Arabial, 97.
  Teléfono 28 26 16.
- **Internacional Expreso.**
  Ctra. Genil, s/n.
  Galerías Preciados.
  Teléfono 22 44 95.
- **Marsans.**
  Gran Vía de Colón, 20.
  Teléfono 22 20 88.
- **Meliá.**
  Recogidas, 41.
  Teléfono 25 89 00.
- **Wagon Lits Cook.**
  Cuesta Gomérez, 1.
  Teléfono 22 20 58.

AVIÓN

Iberia. Aviaco.
Teléfonos 22 14 52 y 22 59 51.

Aeropuerto:
Teléfonos 22 14 52 y 22 59 51.

Autobuses al aeropuerto:
Salida: plaza Isabel la Católica.
Teléfonos 27 86 77, 55 08 97 y 59 72 88.

Vuelos a Madrid, Barcelona, Palma de Mallorca, Valencia, Las Palmas y Tenerife.

Para una información detallada, llamar a los teléfonos del aeropuerto.

FERROCARRIL

Dado que los horarios y destinos de los trenes que circulan desde y a Granada son susceptibles de sufrir cambios, para una información precisa se recomienda a los viajeros dirigirse a las oficinas de Renfe.

Oficinas Renfe.
Reyes Católicos, 45.
Teléfono 27 12 72.

Estación Renfe.
Avda. de los Andaluces, s/n.

Conexiones diarias con el resto de las provincias andaluzas, así como con Madrid y Barcelona.

BARCO

Los puertos de Motril, a 66 km, y Málaga, a 126 km, unen con todos los destinos.

COMUNICACIONES

CORREOS Y TELÉGRAFOS

Puerta Real, 1.
Teléfono 22 48 35.

TELÉFONOS

Reyes Católicos, 55. Teléfono 004.
Información: 003.
Telegramas por teléfono:
22 20 00.

ALOJAMIENTOS

HOTELES

El orden de preferencia establecido toma en cuenta los aspectos arquitectónico, decorativo y ambiental, así como los de seguridad, confort, atención, tranquilidad, instalaciones y precios de los establecimientos seleccionados por esta guía. En la relación siguiente quedan suprimidas las categorías de *hotel, hostal, aparthotel* o *pensión,* a fin de unificar los criterios imperantes en las diferentes Comunidades Autónomas españolas, pero se mantiene vigente el sistema de calificación administrativa de una a cinco estrellas.

EN GRANADA CIUDAD

Alhambra Palace ★★★★
Peña Partida, 2-4.
Teléfono 22 14 68.
Edificio con aires arábigos, algo *kitsch,* en los jardines de la Alhambra. Espléndidas vistas a la ciudad y Sierra Nevada. Visitar, si es posible, una de sus nueve *suites.* Turismo de alto nivel.
Precio elevado.

Parador de San Francisco ★★★★
Real de la Alhambra.
Teléfonos 22 14 40/41/42.
Convento franciscano fundado por los Reyes Católicos en el recinto de la Alhambra. Soberbias vistas sobre el Albayzín, el Generalife y Sierra Nevada. Reservar con mucha antelación.
Precio elevado.

Victoria ★★★
Puerta Real, 3.
Teléfonos 25 77 00/04/08/12/16.
Arquitectura clásica en el centro de la ciudad, próxima a la Alcaicería, con una iluminación interior equilibrada y acogedora. Escoger, preferentemente, la habitación bajo la cúpula.
Precio medio.

Washington Irving ★★★
P.º Generalife, 2.
Teléfono 22 75 50.
Un clásico del siglo pasado que albergó al autor de los *Cuentos de la Alhambra,* en los mismísimos jardines del palacio. Actualmente reformado.
Precio medio.

Inglaterra ★★★
Cettie Meriem, 4.
Teléfono 22 15 58.
Edificio con escasa personalidad, perteneciente desde hace poco a la cadena NH. Es decir, con un nivel óptimo de servicio y muy buenos detalles en las habitaciones.
Precio elevado.

Princesa Ana ★★★★
Avda. de la Constitución, 37.
Teléfono 28 74 47.
Hotel de máximo confort, decorado al más puro estilo inglés. Servicios básicos y mucha madera noble.
Precio elevado.

Meliá Granada ★★★★
Ángel Ganivet, 7.
Teléfono 22 74 00.
Establecimiento en la línea de esta

cadena española, moderno y funcional. Dispone de una planta para ejecutivos y un gimnasio-sauna.
Precio elevado.

Luz Granada ★★★★
Avda. de la Constitución, 18.
Teléfono 20 40 61.
Edificio moderno, exento de personalidad, situado en una de las grandes arterias granadinas, a poca distancia de la catedral. Desde algunas habitaciones se obtienen vistas de Sierra Nevada.
Precio elevado.

Carmen ★★★★
Acera del Darro, 62.
Teléfono 25 83 00.
Edificio funcional en el centro de la ciudad, para ejecutivos y comerciantes de paso. Alberga una galería comercial y un salón de bingo.
Precio elevado.

Triunfo Granada ★★★★
Plaza del Triunfo, 19.
Teléfono 20 74 44.
Hotel nuevo, de sólo 37 habitaciones, en una plaza aledaña a la puerta de Elvira. Conserva la fachada de principios de siglo. Dispone de terraza y piscina.
Precio elevado.

Juan Miguel ★★★
Acera del Darro, 24.
Teléfono 25 89 12.
Palacete restaurado en fecha reciente a orillas del río Genil, con habitaciones decoradas en estilo provenzal.
Precio medio.

Alixares ★★★
Avda. Alixares del Generalife, s/n.
Teléfono 22 55 06.
Hotel funcional, con piscina, a sólo dos pasos de la Alhambra. Habitaciones con vistas.
Precio medio.

Guadalupe ★★★
Avda. Alixares del Generalife, s/n.
Teléfono 22 34 23.
Establecimiento familiar, con buenos detalles. Situado en las inmediaciones de la Alhambra.
Precio medio.

Kenia ★★★
Molinos, 65.
Teléfonos 22 75 06/07.
Con este exótico nombre aparece, a los pies de la Alhambra, un hotelito familiar de mucha solera. Jardín apropiado para la melancolía.
Precio medio.

Los Ángeles ★★★
Cuesta Escoriaza, 17.
Teléfono 22 14 24.
Un hotel sencillo y funcional, cerca de la Alhambra. Turismo de agencias.
Precio medio.

Dauro ★★★
Acera del Darro, 19.
Teléfono 22 21 56.
Hotel confortable en el mismo centro de Granada.
Precio medio.

Dauro II ★★★
Navas, 5.
Teléfono 22 15 81.
Inaugurado en fecha reciente. Se ha respetado la antigua fachada de la casa.
Precio medio.

Reino de Granada ★★★
Recogidas, 53.
Teléfono 26 58 78.
Céntrico y moderno, con buena moqueta en las habitaciones.
Precio medio.

Gran Vía Granada ★★★
Postigo Velutti, 2.
Teléfono 28 54 64.
Completamente nuevo, céntrico y funcional.
Precio medio.

Cóndor ★★★
Avda. de la Constitución, 6.
Teléfono 28 37 11.
Moderno, en una céntrica avenida. Clientela nacional.
Precio medio.

América ★
Real de la Alhambra, 53.
Teléfono 22 74 71.
Hotel familiar de 14 habitaciones, modesto, pero bien cuidado. Acogida extraordinariamente amable. Patio con emparrado.
Precio medio.

Los Jerónimos ★
Gran Capitán, 1.
Teléfonos 29 44 61/62.
Hotelito de 17 habitaciones situado junto al antiguo monasterio de San Jerónimo. Remodelado.
Precio reducido.

Sacromonte ★★
Plaza del Lino, 1.
Teléfono 26 64 11.
Hotel discreto en el centro de la ciudad y no en el popular barrio granadino, como induce a creer su nombre.
Precio reducido.

Almona ★★
Almona Vieja del Picón, 10.
Teléfonos 20 38 12 y 20 35 17.
Edificio moderno, cerca de Gran Capitán. Sólo dispone de 14 habitaciones. Clientela de fin de semana.
Precio reducido.

Carlos V ★
Plaza de los Campos, 4.
Teléfonos 22 15 87 y 22 75 69.
Hotel limpio y distinguido. Personal muy amable. Conserva alguna clientela fija.
Precio reducido.

EN LA PROVINCIA

Alhama de Granada

Hotel Balneario Alhama de Granada ★★★
Alhama de Granada.
Teléfono 35 00 11.
Edificio caduco con un paisaje espléndido de bosques y aguas termales, indicadas para el tratamiento de ciática, reúma, artritis y dolencias respiratorias. Piscina termal en la zona trasera. Clientela predominante de tercera edad.
Precio reducido.

Almuñécar

Los Fenicios ★★★★
La Herradura.
Teléfono 82 70 91.
Un nuevo establecimiento en la playa menos masificada de la Costa del Sol granadina. Arquitectura de estilo andaluz en versión moderna. Precioso patio interior con galería y ascensor de cristalera. Cocina con intenciones que merece ser degustada.
Precio elevado.

La Tartana ★★★
Urbanización San Nicolás.
La Herradura.
Ctra. Málaga-Almería.
Teléfono 64 05 35.
Hotelito de 13 habitaciones escondido a escasos metros del asfalto. Restaurante con terraza y cocina de mérito. En verano, reservar con antelación.
Precio reducido.

Baza

Baza ★★★
Travesía de Granada, s/n.
Teléfono 70 07 50.
Cierra durante la semana de Navidades. A la entrada de la villa, con vistas sobre el cerro Jabalcón. Agradable.
Precio reducido.

Eusebio ★★
Serrano, 15.
Teléfono 70 06 14.
Una pensión familiar céntrica, funcional, carente de personalidad, pero con todas las comodidades. Clientela fija.
Precio reducido.

Bubión

Villa turística del Poqueira ★★★
Barrio Alto, s/n.
Teléfonos 76 31 11/12/36.
Una experiencia de turismo rural, aunque *kitsch* y algo masificada, en plenas Alpujarras granadinas. Casitas independientes funcionando como aparthotel. En verano, conviene reservar con cierta antelación.
Precio medio.

Calahonda

El Ancla ★★
Avda. de los Geranios, 1.
Teléfono 62 30 42.
Hotelito costero sin pretensiones, pero de trato amable.
Precio reducido.

Castell de Ferro

La Posada ★
Plaza de la Constitución, 9.
Los Gualchos.
Teléfono 65 60 34.
Pequeño hotel de nueve habitaciones, fruto de la unión de tres casas típicas, en la sierra de Lújar. Jardín florido para meditar o nadar en la piscina. Vistas sobre el mar o el valle. Libros en las habitaciones. Cocina sofisticada.
Precio medio.

Guadix

Mulhacén ★★
Ctra. de Murcia, km 43.
Teléfonos 66 07 50/54.
Hotel de presencia discreta, pero de trato amable. Reformado en fecha reciente.
Precio reducido.

Comercio ★
Mira de Amezcua, 3.
Teléfono 66 05 00.
Sencillo, discreto. Edificio de 90 años bien conservado, dentro del conjunto histórico de la ciudad.
Precio reducido.

Güéjar-Sierra

Santa Cruz ★★★
Ctra. Sierra Nevada, km 22.
Teléfonos 47 08 00/06.
Hotel con instalaciones deportivas y servicios por encima de su categoría. Campo de fútbol y tenis.
Precio medio.

Lanjarón

Miramar ★★★
General Franco, 10.
Teléfono 77 01 61.
Cierra de octubre a marzo.
Edificio un tanto anodino, aunque rodeado de espléndida vegetación, en el centro de Lanjarón. Ideal para descansar durante unos días o someterse a una cura de aguas. Conviene reservar con antelación.
Precio medio.

Paraíso ★★
General Franco, 18.
Teléfono 77 00 12.
Cierra de diciembre a abril.
Hotel con mucha solera para la clientela de las aguas minero-medicinales. A pocos metros del anterior.
Precio reducido.

Andalucía ★★
Avda. de Andalucía, 15-17.
Teléfono 77 01 36.
Sólo abre de junio a octubre.
Establecimiento muy apropiado para tomar con calma las aguas de Lanjarón.
Precio reducido.

Loja

La Bobadilla ★★★★★
Finca La Bobadilla.
Ctra. Loja-Sevilla.
Teléfono 32 18 61.
Cortijada granadina ejemplarmente integrada en un paisaje de olivos, con magníficas instalaciones deportivas, lujosos salones y original

capilla en la que se celebra un concierto de órgano a diario. Sin duda, uno de los mejores hoteles de España y de Europa. Pertenece a la cadena Relais & Chateaux.
Precio de lujo.

Motril

Tropical ★★
Avda. Rodríguez Acosta, 23.
Teléfono 60 04 50.
Hotel familiar con un restaurante de mucha calidad, atendido por sus propietarios.
Precio reducido.

Pampaneira

Pampaneira ★
José Antonio, 1.
Teléfono 76 30 02.
Hotelito de 16 habitaciones en uno de los pueblos más típicos de las Alpujarras granadinas. Reservar con antelación.
Precio reducido.

Pórtugos

Nuevo Malagueño ★★
Carretera de Orce a Trevélez, s/n.
Teléfono 76 60 98.
Edificio sencillo, con garaje particular, junto a la ermita de Fuente Agria.
Precio medio.

La Rápita

Las Conchas ★
P.º Marítimo, 55.
Teléfono 82 90 17.
Hotel de playa de corte moderno, animado por unas cuantas palmeras en el frontal.
Precio reducido.

Salobreña

Salobreña ★★★
Ctra. Cádiz-Almería, km 341.
Teléfonos 61 02 61/86.
Edificio moderno junto a otro antiguo en una cala escasamente tocada por el turismo masivo. Tiene piscina y salones para convenciones. Habitaciones con terraza.
Precio medio.

Santa Fe

Colón ★★★
Buenavista. Ed. Centenario.
Teléfono 44 09 89.
Moderno, buenas instalaciones y mejores detalles. Clientela de viajantes en invierno y turística durante los fines de semana y verano.
Precio medio.

Sierra Nevada

Maribel ★★★★
Balcón de Pradollano.
Teléfono 48 06 00.
Edificio de estilo alpino, con buenos accesos a las pistas. Probablemente el mejor alojamiento de la estación. Sólo 26 habitaciones.
Precio elevado.

Parador de Sierra Nevada ★★★
Ctra. Sierra Nevada, km 35.
Teléfono 48 02 00.
Edificio moderno algo apartado de la estación de esquí. Acceso a las pistas con el telecabina y un telesilla.
Precio medio.

Meliá Sierra Nevada ★★★★
Pradollano.
Teléfono 48 04 00.
Establecimiento de categoría, en la línea de esta cadena. Moderno, despersonalizado. Muy solicitado por los esquiadores.
Precio elevado.

Sol y Nieve ★★★
Pradollano.
Teléfono 48 12 00.
Unos de los clásicos para esquiadores, pertenecientes a la cadena Meliá.

Buenas instalaciones, pero necesita renovación.
Precio medio.

Telecabina ★★
Plaza del Pradollano.
Teléfono 48 12 00.
La instalación quizás más modesta de Sierra Nevada, pero con prestaciones por encima de su categoría.
Agradable para largas estancias a pie de pistas. Reservar con cierta antelación.
Precio medio.

Trevélez

Regina ★
Plaza Francisco Abellán, s/n.
Teléfono 76 50 64.
Pensión familiar de trato muy agradable. Pedir jamón en el bar.
Precio reducido.

Vélez de Benaudalla

Granada ★
Mártires, 4.
Teléfonos 65 80 78/05.
Sólo abre en temporada de verano, de abril a septiembre.
Hotelito modesto, en el centro del pueblo.
Precio reducido.

Tarifas:

- Lujo (más de 25.000 pesetas).
- Elevado (de 12.000 a 25.000 pesetas).
- Medio (de 6.000 a 12.000 pesetas).
- Reducido (menos de 6.000 pesetas).

CAMPINGS

EN GRANADA CIUDAD

Sierra Nevada (1.ª)
Ctra. Madrid-Granada, km 429.
Teléfonos 15 09 54 y 15 00 62.

Álamos, Los (2.ª)
Ctra. Jerez-Cartagena, km 439.
Teléfono 20 84 79.

María Eugenia (2.ª)
Ctra. Nacional 342, km 292.
Teléfono 20 06 06.

El Último (2.ª)
Camino Huétor-Vega, 50.
(Avenida Cervantes, a 1 km).
Teléfono 12 30 69.

EN LA PROVINCIA

Albolote

Cubillas (2.ª)
Ctra. Madrid-Granada, km 418.
Teléfono 45 34 08.

Almuñécar

Paraíso, El (2.ª)
Ctra. Málaga-Almería, km 334.
Teléfonos 63 23 70 y 63 02 30.

Castell de Ferro

Cortijo, El (2.ª)
Ctra. Barcelona-Cádiz, km 22.
Teléfono 65 60 83.

Huerta Romero (2.ª)
Paseo Marítimo.
Teléfono 65 64 53.

Palmeras, Las (2.ª)
Ctra. Motril-Almería, km 21,8.
Teléfono 65 61 30.

Sotillo, El (2.ª)
Ctra. Almería-Málaga, km 24.
Teléfono 65 60 78.

Carchuna

Don Captus (1.ª)
Ctra. Motril-Almería, km 11.
Teléfono 62 31 09.

Güéjar Sierra

Lomas, Las (2.ª)
Las Lomas, s/n.
Teléfonos 47 07 42/41/34.

La Herradura

La Herradura (3.ª)
Paseo Marítimo, s/n.
Teléfono 64 00 56.

Motril

Playa Granada (2.ª)
Playa de Poniente.
Teléfono 82 27 16.

Playa de Poniente (2.ª)
Teléfono 82 03 03.

Otura

Juncal, El (2.ª)
Ctra. Motril, km 443.
Teléfono 57 61 75.

Suspiro del Moro (2.ª)
Ctra. Granada-Motril, km 11.
Teléfono 55 51 05.

Pitres

Balcón de Pitres (2.ª)
Ctra. Órjiva-Ugíjar, km 51.
Teléfono 76 61 12.

Salobreña

Peñón, El (2.ª)
Paseo Marítimo, s/n.
Teléfono 61 02 07.

Trevélez

Trevélez (2.ª)
Ctra. Órjiva-Ugíjar, km 67.
Teléfono 85 85 75.

Zubia (La)

Reina Isabel (2.ª)
Ctra. Granada-La Zubia, km 4.
Teléfono 59 00 41.

GASTRONOMÍA

RESTAURANTES DE GRANADA (CAPITAL)

- **Baroca.**
  Pedro Antonio de Alarcón, 34.
  Teléfono 26 50 51.

Cocina de base francesa y carácter internacional, que no presta atención a los platos regionales. Especialidades: lubina en hojaldre, solomillo a la crema de queso y «mousse» de chocolate.
Entre 4.000 y 5.000 ptas.

- **Sevilla.**
  Oficios, 12.
  Teléfono 22 12 23.

Es un restaurante clásico, enclavado en una zona turística de la ciudad. Fue fundado en 1930 por Lagartijo Chico y durante muchos años constituyó un punto de encuentro de intelectuales prestigiosos. Cocina regional elaborada en fogones de leña.
Alrededor de 3.500 ptas.

- **Carmen de San Miguel.**
  Plaza Torres Bermejas, 3.
  Teléfono 22 67 23.

Su situación es privilegiada, al pie de la Alhambra, con vistas espectaculares de la ciudad. Cocina moderna que trabaja con materias primas autóctonas.
Entre 5.500 y 6.500 ptas.

- **Horno de Santiago.**
  Plaza de los Campos, 8.
  Teléfono 22 34 76.

Situado en la zona céntrica de la capital. Cocina de influencia vasca y castellana, que tiene como telón de fondo una decoración a base de azulejos granadinos.
Alrededor de 3.000 ptas.

- **Chiquito.**
  Plaza del Campillo, 9.
  Teléfono 22 33 64.

Está enclavado en el antiguo edficio del café Alameda, allí donde celebraba las tertulias Federico García Lorca. Buen churrasco. Asados de cordero y rodaballo al horno. Alrededor de 3.500 ptas.

- **Velázquez.**
  Emilio Orozco, 1.
  Teléfono 28 01 09.

Establecimiento agradable, moderno y bien decorado. Sus fogones prestan aires de modernidad a una cocina regional. Buena sopa de pescado y cordero relleno.
Alrededor de 3.500 ptas.

- **La Alacena de las Monjas.**
  Plaza P. Suárez, s/n.
  Teléfono 22 40 28.

Está situado en un antiguo palacio, revestido con bóvedas moriscas del siglo XVI. Presta una atención especial a la cocina autóctona y a la dulcería. Destacable el cordero a la morisca y los pastelillos de conventos.
Alrededor de 4.000 ptas.

- **Ruta del Veleta.**
  Ctra. de Sierra Nevada (a 5 km de la ciudad, en Cenes de la Vega).
  Teléfono 48 61 34.

Es uno de los restaurantes más populares de Andalucía. Cocina regional con la incorporación de pescados norteños. Especialidad en carnes, chuletones de buey o ternera.
Alrededor de 4.000 ptas.

- **Altamura.**
  Avda. Andaluces, 2.
  Teléfono 27 29 08.

Cocina italiana típica, muy bien elaborada, con especialidades que desbordan el campo de los espaguetis y las pizzas.
Alrededor de 2.500 ptas.

PROVINCIA DE GRANADA

- **Ruta del Veleta.**
  Edificio Bulgaria Pradollano (Sierra Nevada).
  Teléfono 48 12 28.

Decorado al estilo nórdico con revestimientos de madera. Cocina muy cuidada con platos de pescado escogidos. Buena bodega, servicio atento y magníficos mariscos de Motril.
Alrededor de 3.500 ptas.

- **La Alquería.**
  Hotel Ruaykyya (Sierra Nevada).
  Teléfono 24 91 00.

Cocina de corte local, de múltiples influencias. Buenas materias primas y servicio atento.
Alrededor de 3.000 ptas.

- **La Posada.**
  Plaza, 9 (en Gualchos, a 17 km de Motril).
  Teléfono 65 60 34.

Antigua casa en el centro de Gualchos que cuenta con un pequeño hotel. Cocina de mercado con buenos platos de pescado muy originales.
Alrededor de 5.000 ptas.

- **Tropical.**
  Rodríguez Acosta, 23 (Motril).
  Teléfono 60 04 50.

Elaboraciones sencillas y una magnífica calidad en mariscos y pescados.
Alrededor de 3.000 ptas.

- **Mesón Alpujarreño.**
  Parra, 1 (Capileira, Las Alpujarras).
  Teléfono 76 30 06.

Cocina casera de corte alpujarreño, sencilla y bien elaborada. Platos típicos de la zona, desde la tortilla Sacromonte a las habas con jamón.
Alrededor de 2.000 ptas.

- **La Finca.**
  Hotel La Bobadilla (N-342).
  Ctra. Granada a Sevilla, en el cruce a Rute.
  Finca La Bobadilla.
  Teléfono 32 18 61.

Restaurante de lujo, enclavado en una finca espléndida, rodeada de

olivos, vinculado a la cadena Relais & Chateaux.
Cocina moderna elaborada con buenas materias primas. Servicio impecable.
Alrededor de 8.000 ptas.

OCIO

CINES Y TEATROS

- **Generalife.**
  Teatro al aire libre para el Festival Internacional de Música y Danza.
- **Teatro Isabel la Católica.**
  Acera del Casino.
  Teléfono 22 32 69.
- **Corral de Comedias.**
  Gran Capitán, 16.
- **Cine Madrigal.**
  Carrera de la Virgen, 14.
  Teléfono 22 43 48.
- **Cine Astoria.**
  Avenida de la Constitución.
  Teléfono 20 50 00.
- **Granada 10.**
  Cárcel Baja, 10.
  Teléfono 22 40 01.
- **Multicines Centro.**
  Plaza de Gracia (8 salas).
  Teléfono 25 29 96.
- **Teatro Estable de la Universidad de Granada.**
  Santa Bárbara, 18.
  Teléfono 28 41 43.

TOROS

- **Plaza de Toros.**
  Avenida del Doctor Olóriz.

Se celebran corridas durante las fiestas del Corpus Christi y del Otoño.

FESTIVALES

- **Festival Internacional de Música y Danza.**
  Gracia, 21, 4.º.
  Teléfonos 26 74 42/43/44.
  Finales de junio y primera semana de julio.
- **Festival Internacional de Teatro.**
  Palacio de la Madraza.
  Oficios, s/n.
  Teléfono 22 84 03.
  Se celebra durante las dos primeras semanas de mayo.
- **Festival Internacional de Jazz.**
  Excmo. Ayuntamiento de Granada.
  Plaza del Carmen, s/n.
  Teléfonos 22 35 73/74.
  Las dos primeras semanas de noviembre.
- **Festival Internacional de Tango.**
  Teléfonos 22 35 73/74.
  Primera semana de marzo.
- **Festival de las Capitulaciones de Santa Fe.**
  Palacio de los Condes de Gabia.
  Plaza de los Girones, 1.
  Teléfono 25 58 11 (ext. 565-575).
  Se celebra en abril.
- **Conciertos Románticos en Granada.**
  Granada Convention Bureau.
  Plaza Mariana Pineda, 10, 3.º.
  Teléfono 22 59 59.
  De julio a septiembre.

CONCIERTOS

Centro Cultural Manuel de Falla.
Auditorio. Campo de los Mártires (Alhambra).
Teléfonos 22 27 37/39.

New American Chamder Orchestra, residente en Granada, y otros conjuntos sinfónicos. Todo el año.

DISCOTECAS

- **Granada 10.**
  Cárcel Baja, 10.
- **Cadi.**
  Avenida de la Constitución, 18.

- **Krokis.**
  c/ Santa Bárbara.
- **Distrito 10.**
  Gran Capitán, 5.
- **Perkusión.**
  Plaza de Gracia (bajo Multicines).
- **Oxford I.**
  Recogidas, 50.
- **Oh Granada.**
  Avenida Madrid.
  Doctor Guirao Gea, s/n.
- **Queen's Disco.**
  Arabial, s/n.
- **Pachá.**
  Edificio V Centenario.
  Santa Fe.

DEPORTES

- **Patronato Municipal de Deportes.**
  Paseo del Violón, s/n.
  Parque Sur de Bomberos.
- **Instalaciones deportivas.**
  — Estadio de la Juventud.
  — Pabellón Municipal Veleta.
  — Piscina Municipal Arabial.
  — Campo Municipal Almanjayar.
  — Palacio de los Deportes.
  — Polideportivos municipales: Bola de Oro, Parque Nueva Granada y Aynadamar.

Golf

EN GRANADA

- **Golf Granada.**
  Recogidas, 22, 3.º 6.
  Urbanización Pedro Verde.
  Las Gabias.
  Teléfonos 26 46 53 y 58 07 27.

EN LA PROVINCIA

- **Motril: Los Mariscos Golf.**
  Apartado 184 Motril.
  Teléfono 60 04 12.

Deportes náuticos

EN GRANADA

- **Zona Náutica Universitaria.**
  Embalse del Cubillas.
  Ctra. Granada-Jaén, km 115.
  Teléfono 24 31 42.

EN LA PROVINCIA

- **Motril: Club Náutico.**
  Muelle del Poniente, s/n.
  Teléfono 60 00 37.
- **La Herradura: Puerto Deportivo Marina del Este.**
  Punta de la Mona, s/n.
  Teléfono 64 01 52.

Esquí

SIERRA NEVADA

- **Central de reservas:**
  Sierra Nevada Club Agencia de Viajes.
  Teléfono 24 91 11.
- **Información permanente estado de la nieve:** 48 01 53.
- **Estación de Esquí Solynieve.**
  CETURSA (Centros Turísticos, S. A.).
  Plaza de Pradollano, s/n.
  Teléfono 24 91 00.
- **Escuelas de esquí:**
  — Internacional: 48 01 42.
  — Española: 48 01 68.
  — Surf Miguel Bonal: 48 01 25.
  — Oficial: 48 00 11.
  — Técnica: 48 08 04.

Parques acuáticos

- **Aquaola.**
  Teléfonos 25 72 00 y 48 61 89.
  Abierto de junio a septiembre.
- **Aquatropic.**
  Paseo de Velilla, s/n. Almuñécar.
  Teléfono 63 41 02.

CULTURA

BIBLIOTECAS Y ARCHIVOS

- **Biblioteca General Universitaria.** Hospital Real.
- **Biblioteca de la Fundación Rodríguez Acosta.** Callejón Niño del Rayo, 9.
- **Biblioteca y Archivo de la Alhambra.** Alhambra.
- **Archivo de la Real Chancillería de Granada.** c/ Pavaneras (casa del Padre Suárez).
- **Archivo de la Capilla Real y Catedral.** Placeta Alonso Cano.
- **Archivo Municipal.** Palacio de los Córdova.
- **Archivo documental, bibliográfico y musical de Manuel de Falla.** Teléfonos 22 83 37/39. Edificio anejo al auditorio Falla. Trasladado en marzo de 1991 desde Madrid a Granada, para su ubicación definitiva en esta ciudad.
- **Biblioteca Pública de Granada.** Paseo del Salón, s/n.

SALAS DE EXPOSICIONES

- Sala 1 de la General. Acera del Casino, 3.
- Sala 2 de la General. Plaza del Triunfo.
- Galería Cartel. P. A. de Alarcón, 15.
- Galería de Arte Palace. Arteaga, 3.
- Palacio de la Madraza. Oficios, 2.
- Caja Provincial de Ahorros. Plaza de la Mariana.
- Centro Cultural Manuel de Falla. Paseo de los Mártires, Alhambra.
- Galería Sureste. Cárcel Alta, 3.
- Galería Xauen. Recogidas, 41.
- Galería de Arte Castilla. Camino Bajo de Huétor.
- Galería Sánchez. Acera del Darro, 98.
- Galería Al Andalus. Varela, s/n.
- ACAR 13. Tejedores, 12 (Motril).
- Motril. Comedias, 16 (Motril).
- Lecrin. Pósito, 4 (Almuñécar).

FERIAS Y EXPOSICIONES

- **Palacio de Exposiciones y Congresos.** Capacidad: 4.000 plazas. Paseo del Violón, s/n. Teléfono 12 77 47.
- **Ifagra.** Feria de Muestras de Granada. Teléfono 81 03 11.

Febrero

- **Salaconst.** Construcción y afines. Bienal.
- **Exposición Internacional Canina.** Anual.
- **Vadexpo.** Feria del Turismo. Bienal. (Se celebra en Granada y Marbella, alternativamente.)

Marzo

- **Belmoda.** Moda, complementos y afines. Semestral.

Abril

- **Prevexpo.**
  Seguridad e higiene en el trabajo. Bienal.

Septiembre

- **Feria General de Muestras.**
  Todos. Venta directa. Anual.

Noviembre

- **Alimexpo.**
  Feria de alimentación y sectores afines. Bienal.
- **Minac.**
  Técnica rehabilitación minusválidos. Bienal.

Diciembre

- **Juveandalus.**
  Salón de la juventud y tiempo libre. Anual.

PRENSA

- *Ideal* (diario).
  Cádiz, s/n.
  Polígono Asegra.
  18210 Peligros (Granada).
  Teléfono 40 10 12.
- *El Faro* (semanario).
  Motril.
  Teléfono 82 06 19.

UNIVERSIDAD

- Rectorado. Hospital Real.
  Teléfono 27 82 90.
- Información general.
  Teléfono 24 30 25.
- Vicerrectorado de Estudiantes y Participación.
  Teléfono 24 31 35.
- Cursos para extranjeros.
  Palacio de las Columnas.
  Teléfono 24 34 82.
- Centro para las Iniciativas de Empleo.
  Teléfono 27 11 00.
- Comedor Universitario.
  Teléfono 24 31 41.
- Secretariado de Deportes.
  Teléfono 24 31 42.

SANIDAD Y URGENCIAS

HOSPITALES

- **Hospital San Juan de Dios.**
  c/ San Juan de Dios.
  Teléfono 20 43 00.
- **Hospital Clínico.**
  Avenida Doctor Olóriz, s/n.
  Teléfono 27 02 00.
- **Clínica Inmaculada Concepción.**
  c/ Ribera del Genil.
  Teléfono 26 16 00.
- **Hospital Militar.**
  Campo del Príncipe.
  Teléfono 22 75 19.
- **Hospital Refugio.**
  Pretorio, s/n.
  Teléfono 12 31 67.
- **Residencia Ruiz de Alda.**
  Avenida Constitución.
  Teléfono 27 64 00.
- **Sanatorio de la Salud.**
  Avenida Andalucía.
  Teléfono 20 63 11.
- **Sanatorio de las Nieves.**
  Junto a Plaza de Toros.
  Teléfono 27 64 00.

AMBULANCIAS

- **Alhambra Granada.**
  Teléfono 28 44 61.
- **Hurtado.**
  Teléfono 27 21 55.
- **Salomón.**
  Teléfono 27 40 40.
- **Cortés Rey.**
  Teléfono 27 53 92.
- **Gualda Sánchez.**
  Teléfono 27 21 30.

ORGANISMOS OFICIALES

- **Ayuntamiento.**
  Plaza del Carmen.
  Teléfono 22 75 68.
- **Cabildo Capilla Real.**
  Teléfono 22 92 39.
- **Cabildo de la Catedral.**
  Teléfono 22 29 59.
- **Diputación Provincial.**
  Área de Cultura.
  Plaza de los Girones, 1.
  Teléfono 25 58 11 (ext. 565-575).
- **Gobierno Civil.**
  Gran Vía Colón.
  Teléfono 28 23 24.
- **Oficina de Turismo.**
  Plaza del Padre Suárez.
  (Casa de los Tiros).
  Teléfono 22 10 22.
- **Patronato de la Alhambra y el Generalife.**
  Teléfonos 22 75 25/26/27.
- **Patronato Provincial de Turismo.**
  Plaza de Mariana Pineda, 10, 2.º.
  Teléfonos 22 35 27/28.

TELÉFONOS DE INTERÉS

- **Cuerpo Nacional de Policía.**
  Teléfono 091.
- **Jefatura de Policía.**
  Teléfono 27 83 00.
- **Policía Municipal.**
  Teléfono (092) 20 95 00.
- **Guardia Civil.**
  Teléfono 15 73 22.
- **Guardia Civil de Tráfico.**
  Teléfono 15 36 00.
- **Protección Civil.**
  Teléfono 27 86 50.
- **Bomberos.**
  Teléfono 20 32 22.
- **Casa de Socorro.**
  Teléfono 22 12 63.
- **Cruz Roja.**
  Teléfono 22 20 24.
- **Tele-Taxi.**
  Teléfono 28 06 54.
- **Radio-Taxi.**
  Teléfono 20 14 61.
- **Ayuda en Carretera.**
  Teléfono (91) 742 12 13.
- **Servicio Especial de Urgencia.**
  Teléfono 28 20 00.

LECTURAS RECOMENDADAS

Generalidades

BOSQUE MAURELL, J.: *Geografía urbana de Granada,* C.S.I.C., 1962.

FORD, Richard: *Granada,* Ed. de Gámir Sandoval, 1955.

GALLEGO Y BURÍN, A.: *Guía de Granada,* Ed. Don Quijote, 1946, 1961 y 1982.

GÓMEZ-MORENO, Manuel: *Guía de Granada,* 1892. Facsímil.

HENRÍQUEZ DE JORQUERA, Francisco: *Anales de Granada* (1588 a 1646). Ed. de Marín Ocete, 1934.

IZQUIERDO, Francisco: *El apócrifo de la Alpujarra Alta,* 1969.

LAFUENTE ALCÁNTARA, Miguel: *El libro del viajero en Granada,* 1843. Existe edición facsímil.

MOLINA FAJARDO, E.: *El flamenco en Granada,* Ed. Miguel Sánchez, 1974.

DE P. VALLALAR, Francisco: *Guía de Granada,* 1906.

SECO DE LUCENA Y PAREDES, L.: *El Albayzín,* 1974.

Historia

CARO BAROJA, J.: *Los moriscos del Reino de Granada,* Ed. Istmo, 1957.

EGUÍLAZ YÁNGUAS, L.: *Reseña histórica de la conquista del Reino de Granada por los Reyes Católicos,* Ed. Albaida, 1894.

FERNÁNDEZ, F.: *Boabdil,* Ed. Antonio Ubago, 1939.

GARRIDO ATIENZA, M.: *Las capitulaciones para la entrega de Granada,* 1910.

DE P. VALLADAR, F.: *Colón en Santa Fe y Granada,* 1924.

SECO DE LUCENA Y PAREDES, L.: *La Granada nazarí del siglo XVI,* Ed. Patronato de la Alhambra, 1975.

TORRES DELGADO, C.: *El antiguo Reino Nazarí de Granada,* 1971.

Literatura

ALVAR, Manuel: *Granada y el romancero,* Servicio de Publicaciones de la Universidad de Granada, 1956.

FERNÁNDEZ ALMAGRO, M.: *Granada en la literatura romántica española,* 1951.

GANIVET, Ángel; RUIZ DE ALMODÓVAR; MÉNDEZ VELLIDO y LÓPEZ, Nicolás María: *El libro de Granada,* Ed. Comares, 1899.

GARCÍA GÓMEZ, E.: *Ibn Zamrak, el poeta de la Alhambra,* Ed. Maestre, 1943.

García Gómez, E.: *Silla del Moro y nuevas escenas andaluzas,* Espasa Calpe, 1948.

Irving, W.: *Cuentos de la Alhambra,* 1888, y numerosas ediciones actuales.

López, Nicolás María: *El veneno de la Alhambra,* 1971.

Arte y etnología

Afán de Ribera, Antonio J.: *Fiestas populares de Granada,* 1885. Hay edición facsimilar.

Gallego y Burín, A.: *La capilla Real de Granada,* C.S.I.C., 1931.

Ganivet, Ángel: *Granada la bella.* 1896.

Golferichs, M.: *La Alhambra de Granada,* 1929.

Seco de Lucena, L.: *La Alhambra, novísimo estudio de historia y arte,* 1919.

Torres Balbás, L.: *La Alhambra y el Generalife,* Ed. Plus Ultra, S. A., 1953.

Torres Balbás, L.: *Generalife,* 1954.

Discografía flamenca básica en relación con Granada

Maestros del flamenco. Planeta-Agostini, 1988. Con fascículos, 30 volúmenes. Historia global del arte flamenco, a través de sus principales intérpretes, centros cantaores y estilos. Un volumen está dedicado a Granada y otro a Enrique Morente.

Magna antología del cante flamenco. Hispavox, 1982, 20 volúmenes. Contiene varios cantes por Enrique Morente y la alboreá granadina por la zambra de Manolo Amaya.

Gran antología flamenca. RCA, 1980, 10 volúmenes. La cara B del VI se dedica a los cantes de Granada, con interpretaciones de Antonio Mairena, Rafael Romero, Bernardo de los Lobitos, Valderrama, la Chunga, Pepe Sanlúcar y Vallejo. El volumen 10 se dedica a la guitarra, con interpretaciones de Manuel Cano.

Cumbre flamenca en Granada. Hispavox, 1980, 1 volumen, con grabaciones de Morente y Manuel Cano.

Manuel Cano «In Memoriam». Hispavox, 1990. Reedición de una grabación histórica de Cano, *Evocación de la guitarra de Ramón Montoya.*

Morente-Sabicas. RCA, 1990, 2 volúmenes. Una vuelta de Morente a los grandes estilos flamencos, acompañado a la guitarra por el genial Sabicas meses antes de su muerte.

ÍNDICE

ÍNDICE ONOMÁSTICO Y TOPONÍMICO

RELACIÓN DE MONUMENTOS Y LUGARES SEGÚN SU VALORACIÓN

EEE
La Alhambra

EE
El Generalife
Palacio de Carlos V
Corral del Carbón
La Chancillería
Baños árabes
Puerta de Elvira
Cuesta de la Cuesta
Mezquita Mayor
o iglesia de El Salvador
Arco de las Pesas
Mezquita de los Conversos
o iglesia de San Juan de los Reyes
Mezquita de los Morabitos
o iglesia de San José
Palacio de Dar al Horra
Catedral
Museo Catedralicio
Capilla Real
Monasterio e iglesia de San Jerónimo
Hospital Real

E
Iglesia de Santa Ana
Casa de los Pisa
Casa de los Castril
Iglesia de San Pedro
Cuesta del Chapiz
Colegiata de San Cecilio
El Albayzín
Plaza Larga
Calle del Agua
Iglesia de San Bartolomé
La Cruz de Piedra
Puerta de Fajalauza
Balcón de San Nicolás
Iglesia de San Miguel Bajo
Cuarto Real de Santo Domingo
Iglesia de San Matías
Casa de los Tiros
Convento de Santa Cruz la Real
Convento de Santo Domingo
Plaza del Realejo
Iglesia de las Angustias
El Sagrario
La Universidad árabe
Plaza de Bibrambla
Universidad (facultad de Derecho)
Colegiata de los Santos Justo y Pastor
Hospital e iglesia de San Juan de Dios
Monasterio de la Cartuja
Plaza de la Trinidad
Iglesia de la Magdalena
Alcázar Genil
Morabito árabe
Seminario de San Cecilio
Palacio del Cuzco de Víznar
Necrópolis visigoda de Nívar
Castillo e iglesia de Órgiva
Barranco de Poqueira
Castillo de la Calahorra
Castillo de Salobreña
Castillo y acueducto de Almuñecar
Estación de Esquí Solynieve
Alcazaba, catedral e iglesia de
Santiago de Guadix
Alcazaba, baños judíos y colegiata
de Baza
Colegiata de Huéscar
Baños árabes e iglesia de la
Encarnación de Alhama de Granada
Hospital de Peregrinos
e iglesia Mayor de Loja
Castillo de Montefrío
Puente visigodo de Pinos Puente
Ciudad amurallada e iglesia Mayor
de Santa Fe

Autoría de las fotografías según página

Archivo Incafo: Portada, 20, 173, 177.
Archivo Oronoz: 16a, 16b, 16c, 17a, 17b, 17c, 18a, 18b, 18c, 19a, 19b, 19c, 104-105, 107, 113, 139, 165.
Ayuntamiento de Granada: 1, 4, 31, 37, 39, 42, 50, 63, 69, 75, 77, 93, 119, 121, 123, 131, 140, 141, 149, 151, 157, 159, 162, 163, 201.
Juan Ramón Brotons: 33, 40, 43, 49, 109, 133, 136, 137, 153, 161, 174, 175.
Pedro Pablo Cerrato: 115.
Cayetano Enríquez de Salamanca: 85, 135.
Juan Ferreras: 35, 41, 48, 60, 71, 72, 73, 87, 89, 91, 101, 117, 127, 129, 143, 156, 171, 199, 203, 204.
Juan José García Pelayo: 3, 46, 52, 67, 81 , 88, 118, 147, 181, 183, 186, 187, 189, 193, 194, 212, 220, 221, 223.
Fernando Gallardo: 208, 210.
César Justel: 53, 54, 55, 57, 61, 83, 86, 97, 99, 103, 185, 197, 219.
Candy Lopesino y Juan Hidalgo (Archivo Marco Polo): 207.
Juan Carlos Martínez Zafra: 24-25, 27, 45, 65, 95, 145, 166, 178, 191.
Basilio Sáinz: 30, 36, 38, 47.
María Ángeles Sánchez: 179, 214, 215.

NOTAS DE VIAJE

NOTAS DE VIAJE

NOTAS DE VIAJE

NOTAS DE VIAJE

NOTAS DE VIAJE

NOTAS DE VIAJE